25 COSE CHE VORREI
SAPERE PRIMA DI
INIZIARE IL MIO PODCAST

MARCO TIMPANO

MARCO TIMPANO

Per Amanda

Come tutto ebbe inizio

Ho deciso di scrivere questo libro invece di prendere un caffè, un "caffè podcast", per la precisione.

Vedete, ho iniziato il mio viaggio nel podcasting quattro anni fa. All'epoca non sapevo nulla di come navigare in questo nuovo mondo, ma era qualcosa che volevo provare. Conoscevo solo una persona che era un podcaster. Era un amico di un amico, e volevo disperatamente parlare di podcasting davanti a un caffè, un "caffè podcast", se volete. Fondamentalmente, volevo il suo cervello, fino a quando non avessi avuto tutte le informazioni necessarie per iniziare il mio podcast. Avevo tonnellate di domande, e lui ha accettato di rispondere, così ho avuto un caffè podcast con Bil Antoniou. Lui ha risposto alle mie domande e, da quel caffè, io e lui siamo diventati buoni amici. Bil produce e ospita due dei miei podcast preferiti: **Bad Gay Movies** (*Filmacci Gay*) e **My Criterions** (*I Miei Criteri*). Entrambi sono eccezionali, e li consiglio vivamente. Se sei un appassionato di cinema o ami la storia del cinema, allora sono podcast "da abbonare".

La prima domanda che ho fatto a Bil in quel fatidico primo caffè podcast è stata: "Quali sono le cose che avevi imparato e che avresti voluto sapere prima di iniziare il tuo podcast?" Non sapevo che io e Bil avremmo creato insieme il nostro podcast, chiamato **Born On This Day Podcast** (*Nato in Questo Giorno Podcast*), anni dopo. Da allora ho avuto molti caffè podcast, con molti amici di amici che mi hanno fatto la stessa domanda. Mi sentivo come se stessi andando a così tanti appuntamenti di caffè podcast che avevo sempre meno tempo per i miei podcast. Ripetevo anche le stesse idee su ogni caffè: stesso contenuto, stesso caffè, persona diversa. Così ho pensato: perché non scrivere tutto in un libro?

Non avrei mai pensato di avere così tanto successo nel podcasting da ricevere inviti a partecipare come relatore principale sull'argomento o a condurre tavole rotonde. Non avrei mai pensato che il podcasting sarebbe stato una parte così importante della mia vita, né che avrei mai pensato di scrivere un libro su questo argomento. Ma l'ho fatto, lo sono, e l'ho fatto.

E tutto è iniziato con un'idea e un microfono.

Vivo a Toronto e, per chiunque venga da una parte del mondo in cui il podcasting non è in voga, sappiate che ci sono stato. Quando ho iniziato a fare podcast, mi sembrava che non ci fossero molti podcast con sede nella mia città. Posso dirvi che il modo migliore per cambiare questa situazione è diventare parte del paesaggio. Che siate di una piccola città su un'isola del Pacifico del Sud o di una vivace città scandinava, non preoccupatevi: non importa da dove state trasmettendo il podcast, o quanti pochi (o quanti!) podcast provengono dal vostro paese, o dalla vostra città. Unisciti alla festa! C'è posto per tutti noi al tavolo dei podcasting.

Lasciate che vi accompagni nel mio viaggio di podcasting. Quando avrai finito questo libro, ti prometto che arriveremo all'apice di questo nuovo mondo, in modo che tu possa iniziare il tuo viaggio di podcasting. Vi darò una piccola descrizione di ogni podcast, perché, in alcuni capitoli, farò riferimento a questi podcast. Gran parte delle conoscenze acquisite in materia di podcasting sono il risultato del lavoro che ho svolto su ognuno dei miei podcast. Potrebbe sembrare che io stia lanciando i miei podcast e in un certo senso lo sto facendo, perché raccontare alla gente del tuo podcast è un ottimo modo per far girare la voce. È come quella battuta: *Due podcaster entrano in un bar e il barista dice: "Hai sentito il mio podcast?"*. In questo caso, uso i miei podcast anche per illustrare gli errori che ho commesso lungo il percorso e le cose che vorrei sapere prima di iniziare.

Il mio primo podcast è iniziato semplicemente perché non riesco a dormire. Soffro di insonnia, e lo faccio da quando avevo quindici anni. Cinque anni fa, stavo lavorando allo sviluppo di un progetto con il mio amico Nidhi Khanna, e ci siamo resi conto che avevamo questo problema di insonnia in comune. Questo problema comune è diventato la scintilla di un buon progetto su cui lavorare. Ci è venuta l'idea di un podcast-per gli insonni, da parte degli insonni. È così che è nato il nostro podcast, **The Insomnia Project** (*Il Progetto Insonnia*).

In realtà, ci è voluto molto tempo per realizzare il nostro podcast, e abbiamo avuto così tanti "momenti di ritorno al tavolo da disegno" che abbiamo pensato che sarebbe stato più facile per noi fare un'installazione artistica multidisciplinare, di dodici ore, dal tramonto al tramonto, piuttosto che iniziare un podcast. E così è stato, infatti, quello che abbiamo fatto. Siamo stati così ostacolati da una mentalità da "non sappiamo come iniziare" che abbiamo creato un'installazione d'arte: un'installazione non-stop di dodici ore, con immagini in movimento proiettate su uno schermo, audio dal vivo, live streaming, ospiti multipli e creazione di temi in una lobby a due piani dell'hotel più elegante di Toronto. Seriamente, abbiamo pensato che sarebbe stato più facile che fare un podcasting.

Lasciate che ve lo dica, non lo è.

Una volta realizzata una notte intera di arte a tema insonnia (per *Nuit Blanche Toronto*), abbiamo pensato di poter creare un podcast e metterlo in una directory come Apple Podcasts (precedentemente iTunes). E ci siamo riusciti. Ho capito che non bisogna saltare attraverso il fuoco per creare il proprio podcast (a meno che, ovviamente, il podcast non riguardi il saltare attraverso il fuoco: allora potrebbe essere necessario). È stato più facile di quanto pensassi. È stato certamente più facile di un'installazione artistica che dura tutta la notte con più di cinquanta ospiti in un periodo di dodici ore.

Ed è stato allora che è nato il podcast.

The Insomnia Project (*Il Progetto Insonnia*) *è ventisei minuti di conversazione tranquilla su argomenti mondani per aiutarti a dormire.*

Io e i miei ospiti parliamo di una varietà di argomenti, dal pesce Koi, al lavoro a maglia, a un dibattito sul quale il Primo Ministro è stato il più noioso. Questo nel tentativo di aiutare i nostri ascoltatori ad addormentarsi. È anche "l'unico podcast in cui spero non si arrivi mai alla fine, e se si fa bene, grazie per l'ascolto".

Non mi ero reso conto dell'impatto che avrebbe avuto questo podcast; non mi ero nemmeno reso conto che le persone di tutto il mondo avrebbero ascoltato. Amo le città in cui i miei podcast hanno un grande pubblico di ascoltatori. Anche se non so perché ad Ann Arbour, Michigan, piaccia il podcast o perché la gente in San Marino sembri seguire il podcast, sono sicuramente grato che lo seguano.

Non potevo credere che avremmo avuto un feedback dagli ascoltatori. La nostra prima e-mail di "fan" mi ha entusiasmato. L'ascoltatore ha spiegato l'impatto che il podcast ha avuto su di loro. Ecco un estratto di quella e-mail:

"Nelle ultime tre settimane, ho dormito otto ore o più, 15 su 21 notti. Grazie a "The Insomnia Project", ora sono in grado di deviare il mio cervello ed evitare che si agitino all'ora di andare a letto. Di conseguenza, dormo come una persona normale e sana e non vedo l'ora di andare a letto. Senza esagerare, posso davvero dire che ascoltare 'Il Progetto Insonnia' ha cambiato la mia vita".

Leggendo quella e-mail, ho capito il potere del podcasting. Sono così felice di aver iniziato la mia impresa di podcasting. Dopo centinaia di episodi di **The Insomnia Project** (*Il Progetto Insonnia*), la mia idea del podcast successivo mi è venuta durante un viaggio di ritorno dalle montagne più blu.

La mia collega, Daniela Vlaskalic, ed io stavamo tornando a casa dalle Blue Mountains in Ontario, dove avevamo lavorato un'intera giornata di formazione di manager che venivano promossi a posizioni dirigenziali di alto livello. Daniela ed io avevamo fatto questo tipo di lavoro in tutto il mondo. Stavamo discutendo di un programma particolare che pensavo si fosse svolto a Chicago. Lei pensava fosse Dallas. Poi abbiamo iniziato a scherzare su come ogni hotel aziendale sia esattamente uguale quando ci si vive per tre giorni. Durante queste due ore di viaggio ci siamo resi conto che in realtà era Atlanta! Questo ha portato a una discussione su come la maggior parte delle città siano più simili che diverse, a seconda del vostro punto di vista. In quelle due ore di viaggio, è nato il podcast **Every Place is the Same** (*Ogni Luogo è Lo Stesso*).

Every Place is the Same (*Ogni Luogo è Lo Stesso*) *è una sfida di dieci minuti in podcast, in cui la conduttrice Daniela Vlaskalic cerca di convincere il nostro ospite che un luogo che ama, sia esso il luogo in cui è cresciuto o un altro luogo che ha visitato altrove, è esattamente lo stesso.*

Io dirigo e produco questo podcast, e ci divertiamo tantissimo a creare ogni episodio. Anche se lo spettacolo dura solo dieci minuti, abbiamo trovato il nostro pubblico: alcuni sono appassionati di viaggi, altri sono persone che amano l'aspetto stimolante dello show, altri ancora hanno bisogno di un breve podcast da ascoltare quando sono in fila al supermercato. Da quando è stato lanciato, siamo stati nominati per due Podcast Award canadesi e un National Comedy Award.

E tutto è iniziato con un viaggio in macchina verso casa.

Ho imparato così tanto dal mio primo podcast al secondo. Quando sono stato pronto per il terzo, ho pensato che sarebbe stato un gioco da ragazzi. Lo è stato, in alcuni modi, ma in altri no. Ogni podcast pone la propria serie di sfide e genera la propria emozione. A questo punto della mia carriera di podcasting, ho pensato che farlo è più importante che preoccuparsi dei blocchi stradali o concentrarsi su "il contenuto è abbastanza buono?" o "avrò degli ascoltatori? Quello che voglio dire è: crea il tuo podcast perché lo ami, perché lo ami, perché hai bisogno di farlo, perché pensi che potrebbe funzionare, perché vuoi provare qualcosa di diverso, perché hai qualcosa da dire - o forse perché non hai niente da dire. L'importante è provarlo!

Il mio terzo podcast è stato sviluppato perché ho sempre amato il mondo del cibo e delle bevande. Mi è sempre piaciuto mangiare cose deliziose e nuove, e bere un cocktail - o quattro. Molto prima che la parola "buongustaio" venisse usata, ho fatto parte di questo mondo culinario - come cameriere, barista e mangiatore. Volevo condividere il mio amore per il cibo con altre persone. Così ho pensato: "perché non creare un podcast di cibo e bevande? Volevo ripagare il Front of House (cioè chiunque lavori nel ristorante e che non sia interessato ad aspetti della cucina, come baristi, camerieri, padroni di casa, manager e così via). Ma volevo anche che il Back of House fosse rappresentato nel podcast (chiunque lavori come chef, line cook, sous chef, preparatori, sauciers, e chiunque si occupi del cibo che mangiamo quando ceniamo in un ristorante). Dato che avevo molta esperienza nel Front of House (FOH) (Personale Di Sala), avevo bisogno di un co-conduttore che avesse esperienza nel Back of the House (BOH) (Brigata Di Cucina. Inoltre, volevo che questo podcast fosse divertente. Volevo portare la commedia al microtelefono in uno spazio spesso troppo serio. Dove avrei trovato un co-conduttore che potesse aiutarmi a realizzarlo? A una festa di fidanzamento, naturalmente.

L'amica di mia moglie Amber stava organizzando una festa di fidanzamento ed è lì che ho incontrato il cognato di Amber, Ali Hassan. È un comico e un attore affermato. È stato anche cuoco per molti anni, ed era proprietario di una propria attività di catering. Quando gli ho raccontato l'idea di un podcast che si addentrasse nel cibo e nelle bevande con umorismo e un occhiolino, lui era d'accordo! E il nostro podcast è diventato realtà. Si chiamava quasi **FOH/BOH**. Poteva essere un titolo molto cool, ma solo gli addetti ai lavori avrebbero saputo cosa significava, così abbiamo deciso di trovare un titolo che riflettesse maggiormente il pubblico che volevamo attrarre. Dato che mangiare e bere sono universali, abbiamo optato per un titolo più adatto a ciò a cui puntavamo.

Eat & Drink (*Mangiare e Bere*) è un podcast alimentare comico in cui i padroni di casa Ali Hassan e Marco Timpano discutono di cibo, bevande e di tutto il resto del mondo culinario.

Questi sono i miei tre podcast principali. Ne ho alcuni in fase di sviluppo, ma mi atterrò a questi tre come punti di riferimento. È grazie a questi tre podcast che ho imparato a essere un podcaster migliore e a rendere più facile il podcasting.

Lasciate che vi renda il viaggio più facile anche per voi, con le *25 cose che vorrei sapere prima di iniziare il mio podcast*.

1

Il tuo Podcast è interessante:
Alias: Rilasciare il Kraken

Quando incontravo la gente per il nostro "caffè podcast", la stessa domanda continuava a venire fuori:

La mia idea del podcast è interessante?

È stata seguita da una versione di quanto segue:

Sono preoccupato che l'argomento che voglio trattare sia:

noioso
sciocco
obsoleto
esagerato
troppo specifico
difficile da capire
non abbastanza specifico
al di là delle mie possibilità
troppo stupido per la persona media
troppo intelligente per la persona media

Puoi riempire la tua preoccupazione lì dentro. Lasciate che ve lo dica, ero personalmente preoccupato che il mio podcast non fosse abbastanza interessante. E avevo la stessa preoccupazione ogni volta che ho iniziato ciascuno dei miei podcast. È come se ci fosse un piccolo *kraken* seduto sulle nostre spalle a metterci questi dubbi in testa. Io uso il kraken, perché mi piace l'idea di una creatura marina multiarmate che mi mette i suoi tentacoli su tutto il viso e nelle orecchie e mi trattiene. Questo kraken cerca di farmi dubitare di me stesso e delle mie capacità di podcasting. È quasi come l'alieno del film "Aliens" che mi si appiccica sulla faccia, ma un po' più simile a un calamaro. Questo kraken può assumere qualsiasi forma o forma tu scelga - da un diavolo sulla spalla, a un gremlin o a uno gnomo gar- ene, o anche al tuo genitore che disapprova. In questo libro, sarà indicato come kraken; potete farne ciò che desiderate. Detto questo, voglio che sappiate che siete molto più potenti del vostro kraken personale.

Ecco la risposta a queste domande:

SÌ! La tua idea del podcast è interessante.
SÌ! Dovresti svilupparla.
SÌ! Ci sentiamo tutti così.

Vi assicuro che c'è un pubblico per ogni argomento e la gente lo ascolterà.

Quindi, se e quando hai dubbi sul tuo podcast, leggi e rileggi il titolo di questo capitolo più e più volte. **Il tuo podcast sarà interessante - per qualcuno, se non per tutti.**

Non ho alcun interesse in un podcast sull'algebra. Non è una cosa che voglio sapere. Non mi è piaciuto impararla a scuola, e posso dire con certezza che se non imparerò mai niente di nuovo, credo che avrò vissuto una vita piuttosto appagante. Qui potete compilare qualsiasi argomento al posto dell'algebra, e troverete persone che la pensano allo stesso modo su quell'argomento. Non è per loro. Comunque, troverete anche un gran numero di persone che amano l'algebra, che non ne hanno abbastanza, che mangiano, respirano, bevono e scoreggiano algebra. Hanno bisogno di tutta l'algebra possibile nella loro vita. Anche se ho un sano disprezzo per l'argomento, vogliono ascoltare le persone che discutono, parlano e si lamentano dell'algebra. Questo è il vostro pubblico.

Ogni podcast ha il suo pubblico. Alcuni ascoltatori troveranno te e altri che devi lavorare sodo per attrarre il tuo podcast, ma sono là fuori, e troveranno il tuo podcast molto interessante.

Questo vale per ogni idea di podcast, compresa l'insonnia, i viaggi, il cibo e le bevande, come ho scoperto. Ho delle persone nella mia famiglia che non hanno ancora ascoltato nessuno dei miei podcast, perché non ne trovano nessuno interessante. Penseresti che solo per questo motivo (almeno) mia madre sarebbe disposta ad ascoltarli? No. Se avessi un podcast sull'uncinetto e sul ricamo, sarebbe completamente d'accordo. Detto questo, non ho fatto un podcast per mia madre, e ho amici e parenti vicini a me che amano i miei podcast. Inoltre, ho la soddisfazione di tante persone che non ho mai incontrato in tutto il mondo e che mi dicono ogni giorno di amare i miei podcast.

Il tuo pubblico è lì. Basta fare il miglior contenuto possibile e sapere che c'è un pubblico per questo. E sì, il tuo podcast è interessante. Vai avanti e fallo!

2

*Non deve essere neces-
sariamente costoso*

Ho imparato piuttosto velocemente nel mio viaggio di
podcasting che si possono spendere molti soldi, e ottenere gli ultimi gadget e software di editing, e costruire un
grande studio a prova di suono, e avere la Rolls Royce dei
microfoni.

Ma niente di tutto questo ha davvero importanza. Sì, è
vero.

Puoi registrarlo nel microfono del tuo telefono. Puoi editare su un software gratuito e caricarlo su una piattaforma
gratuita e tutto ciò che ti costerà sarà il tuo tempo. E
sì, quel podcast può avere molto successo. Conosco un
podcaster che fa esattamente questo e ha ascoltatori fer-
ocemente fedeli.

Se non hai accesso a uno studio di registrazione, inizia a vedere quali spazi sono disponibili gratuitamente.
Molte biblioteche hanno studi di registrazione dedicati al
podcasting, o potrebbero avere una tranquilla sala di insonorizzazione in cui portare il microfono e registrare. O
semplicemente trovare il posto più tranquillo che si può
trovare a casa propria e registrare in quel punto.

Il punto è che, man mano che il vostro podcast cresce,

anche la vostra attrezzatura potrebbe crescere. Ho certamente aggiornato i miei microfoni man mano che andavo avanti. Sono passato da uno Yeti Blue al mio attuale microfono, un Sennheiser MK4. Sono sicuro che continuerò a fare l'upgrade. Ora registro in uno studio di registrazione in casa. Tuttavia, sono molto contento di aver imparato con un microfono economico piuttosto che con quelli costosi che ho ora. Sono così contento di non aver speso soldi per un home studio prima ancora di sapere se mi piaceva il podcasting.

Se sei una persona che ha bisogno di avere il meglio del meglio per essere motivata, e questo non romperà la banca - allora certo, vai a sfogarti! Ma se siete come me e state pensando: "Voglio fare un tentativo, ma non so se mi piacerà o se sarà un'impresa fattibile", allora non investite in attrezzature costose. Non subito.

Controlla online se ci sono attrezzature usate. Alcuni negozi di audio noleggiano apparecchiature e questo potrebbe essere un buon modo per testare le apparecchiature prima di spendere soldi. Un altro suggerimento che ha funzionato per me è quello di acquistare le apparecchiature da negozi che hanno una politica di restituzione molto vantaggiosa. Ho comprato il mio primo microfono, uno Yeti Blue, in un negozio che ha una politica di restituzione molto vantaggiosa. Entro i primi novanta giorni di registrazione e di acquisizione del mio groove, ho stupidamente attorcigliato e rotto l'estremità del cavo del microfono, e, naturalmente, quel cavo del microfono non è un cavo standard di cui ora ho aggrovigliato il cassetto pieno. Era specifico per quel microfono e mi è costato una fortuna sostituirlo. Puntate in grande o tornate a casa, dico sempre. Ero così contento di averlo comprato in un grande negozio di scatole che aveva una politica di restituzione "senza domande". L'ho restituito. Poi ho riacquistato lo stesso microfono online dallo stesso negozio. Da allora, ho acquistato così tante attrezzature da quel particolare negozio, e contino a farlo, tutto grazie alla loro fantastica politica di restituzione.

Sia che acquistiate la vostra attrezzatura o che la noleggiate, voglio che sappiate che potete spendere un po' o molto per il podcasting. Se siete all'inizio, vi consiglio di spendere meno.

3

*Se qualcosa puzza di pesce
- Smettila di pescare!*

Questo non è un consiglio per gli amanti della pesca all'aperto. In realtà, da bambino sognavo di essere un pescatore, ma le mie conoscenze in materia di pesca sono limitate. Quello che intendo dire è questo: se stai registrando, montando, intervistando, o qualsiasi altra cosa che cade nella categoria dei pescatori, e senti che qualcosa potrebbe essere un po' fuori posto o non del tutto giusto, smetti di fare quello che stai facendo! In altre parole, metaforicamente parlando, smettete di pescare e iniziate a indagare. Capire cosa c'è che non va prima di premere il pulsante di registrazione vi risparmierà molte sofferenze e frustrazioni.

Ecco alcuni esempi reali che ho affrontato in questi momenti, dai quali spero che possiate imparare.

Stavo registrando un episodio di **The Insomnia Project** (*Il Progetto Insonnia*) su un "bus del sonno", anche se non è il tipo a cui state pensando. Un autobus del sonno ha dei letti per testare i materassi di gommapiuma. Ci si può sdraiare sulla propria cuccetta privata e testare il comfort di questo materasso, anche tirando giù una saracinesca per renderlo scuro. Poi, in realtà, ti è stato permesso di dormire per dieci o quindici minuti nella tua piccola cuccetta.

Poiché si trattava di un evento promozionale di marca, ho chiesto a uno dei dipendenti del bus per dormire se potevo registrare un episodio sul bus e parlare dei materassi perché, all'epoca, erano uno sponsor del mio podcast. Mi è stato concesso il permesso di registrare per trenta minuti sul bus per dormire. Ho pensato che sarebbe stato un ottimo modo per incorporare molti aspetti del mio show e legarlo a uno sponsor. Tanti saluti ai piani migliori!

Ho chiamato il mio amico Chris Bond, che ora ha un suo podcast chiamato **We Like Theme Parks** (*Ci Piacciono i Parchi a Tema* —un podcast che si concentra sui parchi a tema Disney e Universal ed è molto divertente). Chris ed io eravamo nello sleep pod, con l'otturatore abbassato, e nel momento in cui ho iniziato a registrare ho notato che il suono sembrava spento. La registrazione sembrava diversa, i livelli di registrazione audio erano più piccoli rispetto a quando ho registrato a casa e non mi sembrava giusto. Ho notato che stavo ricevendo i livelli audio, ma i livelli erano bassi. In quel momento ho pensato che fosse strano, perché eravamo in una piccola capsula per dormire su un letto matrimoniale; in sostanza, lo spazio avrebbe dovuto avere una grande acustica audio e quindi grandi livelli audio. Qualcosa sembrava sospetto, ma invece di fermarmi e capire cosa non andava, ho iniziato a registrare e ho sperato per il meglio. Ero preoccupato. Avevamo il permesso per soli trenta minuti nel bus del sonno, e avevo bisogno di registrare almeno ventisei minuti perché l'episodio fosse completo. Era una linea temporale stretta. L'ho riassunta come la mia abilità da principiante come ingegnere del suono! - Si è scoperto che il microfono USB che avevo messo a distanza equidistante da me e Chris e che avrebbe dovuto registrare l'intera conversazione a un livello decente, se non quasi perfetto, non era collegato.

Per chiarire, era collegato al mio computer, ma non l'ho selezionato nel mio programma di registrazione (all'epoca stavo usando Garage Band).

Invece, stava registrando dal microfono incorporato del mio computer e i livelli erano spenti. Ecco perché i miei livelli erano terribili. A quanto pare, non potevo usare quell'episodio registrato. Non c'era più. Piuttosto che passare quattro o cinque minuti a capirlo, avevo sprecato ventisei minuti di registrazione ed ero rimasto senza episodio alla fine del mio tempo nella capsula. Oh, e questo mi è successo più di una volta - non sempre su un autobus del sonno, badate, ma sempre quando ho un problema di time crunch e ho bisogno di registrare velocemente. È allora che salto dei passaggi o dubito del mio podcasting, del mio senso del ragno.

Ecco come ho perso altri episodi. So che quando si fa un podcasting, non si dovrebbe mai modificare il materiale originale. Ecco un esempio. Diciamo che hai registrato un episodio con un ospite. Scegliete l'ospite più eccitante che vi viene in mente. In questo caso, sceglierò qualcuno che sia conosciuto per il suo talento e il suo stile. Scelgo George Clooney. Diciamo che ho avuto questa fantastica intervista con il signor Clooney. È stata così bella che persino lui ha detto: "Quell'intervista rivaleggia con la maggior parte delle mie interviste! Diciamo che ero super eccitato all'idea di montare questa intervista e, visto che era con George Clooney, ho pensato di ridurla a due episodi per agganciare i miei ascoltatori. Ero così eccitato che ho iniziato subito a montarla. Non ho salvato la registrazione due volte. Non ho salvato le modifiche mentre stavo andando. Ho editato il materiale originale senza salvare il backup. Ero super eccitato, quindi volevo solo entrare nel montaggio, e non volevo aspettare. Beh, mentre stavo montando questa intervista degna di un premio Pulitzer, il programma è andato in crash. Ho pensato tra me e me: "Va tutto bene. Avrà risparmiato fino al punto in cui stavo montando. Potrei dover ri-editare gli ultimi 10 minuti". No. Non c'era più. Quindi è stata un'ora di intervista con George, più di un'ora di montaggio a questo punto, e la mia scadenza per andare in onda era tra due giorni. Avevo anche accennato, nell'episodio precedente, che la mia conversazione con George Clooney sarebbe stata nell'episodio successivo (non sarebbe mai stata con George Clooney). Ero devastato. Fortunatamente, i miei ascoltatori hanno capito che queste cose accadono e George è stato così gentile da portarmi a casa sua sul lago di Como, per registrare nuovamente l'episodio (non è mai successo, ma io sarei stata aperta all'opportunità, George!) In realtà, la mia intervista è stata con un caro amico. Sono riuscita a registrarla di nuovo, ed era fortunatamente pronta per la data prevista per la messa in onda. Tuttavia, mi è stata insegnata una lezione preziosa.

Ora, quando ho finito di registrare questo è quello che faccio automaticamente:

1. Salvo l'intervista, in questo caso immaginario come: **CLOONEY_INTERVISTA.mp3**

2. Poi, lo salvo una seconda volta come: **CLOONEY_INTERVISTA_MODIFICA.mp3** — e lo modifico sul file con "modifica" nel titolo.

3. Quando sono pronto a salvarlo, lo faccio con un altro nome o con una versione modificata del file,

come **CLOONEY_FINALE.mp3**.

In questo modo, so sempre come sono fatti il mio materiale originale e il mio materiale editato.

Avere la migliore attrezzatura non significa ancora che non si incontreranno problemi. Ho dei microfoni di altissima qualità. Ho un microfono USB, ho due microfoni a condensatore, ho un dispositivo portatile per la registrazione a mano che ha dei microfoni integrati, e ho dei microfoni lavalier. Non c'è bisogno di avere nessuno di questi microfoni per registrare. Devi trovare il microfono che funziona per te. Può essere elegante e costoso, può essere vecchio e affidabile, o può essere economico e avere la faccia di un alce - e il microfono può assomigliare al naso dell'alce. Usate quello con cui vi sentite a vostro agio per registrare il vostro podcast. Ma avete bisogno di sapere come funzionano e bisogna *ricordarsi* come funzionano. Dico questo, perché uso raramente il mio microfono portatile a mano. Lo trovo un po' complesso da usare, e richiede anche molte più batterie per utilizzare la funzione Bluetooth. Dato che non lo uso sempre, ho dimenticato tutti i passaggi necessari per usarlo correttamente. In un'altra occasione, quando ho avuto bisogno di usare questo microfono portatile, ho pensato che sarebbe stata una seconda natura e quello che dovevo fare per registrare mi sarebbe tornato in mente. Quando ho registrato un'intervista con questo microfono, ho omesso un passo e la registrazione è stata inutilizzabile. Ho perso quella registrazione e il tempo necessario per organizzare l'intervista e l'intervista stessa. Da allora ho scritto una piccola nota che descrive in dettaglio i quindici passi necessari per impostare e registrare con quel microfono e le istruzioni rimangono sempre nella custodia del microfono. Così, nella rara occasione in cui ho bisogno di registrare con esso, uso la nota dei quindici passi come guida e si è rivelata utile. Non ho perso altre registrazioni con essa. A questo punto, ho iniziato a usare la mia regola "se puzza di pesce".

Continuo a fare errori che mi costano tempo sia nel montaggio che nella registrazione stessa. Per fortuna, se qualcosa ora mi sembra strano o che puzza di pesce, mi fermo a indagare. Cerco di capire cosa c'è che non va prima di continuare, e di conseguenza mi sono risparmiato un sacco di sofferenze.

Anche così, altre cose sono andate male. In un altro esempio, ho registrato un episodio con i microfoni che uso costantemente e la piattaforma di registrazione è stata impostata come al solito. Ho deciso di non fare una registrazione di prova (se il podcast lo permette, si dovrebbe sempre fare una breve registrazione di prova). Registrate trenta secondi di conversazione e tornate indietro di dieci a quei trenta secondi prima ancora di iniziare il colloquio o la conversazione. Alcuni podcaster fanno altri podcast investigativi, e possono avere con sé una persona del suono o più registrazioni nel caso in cui uno dei loro microfoni non funzioni. Detto questo, se potete, ascoltate prima della registrazione ufficiale per essere sicuri al 100% che il vostro audio suoni bene. Quando mi sono seduto con il mio ospite Lucas Eng (che per coincidenza è un modello di mano come me), non ho fatto una registrazione di prova. Il mio amico modello di mani si è preso del tempo per guidare fino al mio studio e ho pensato che fosse sicuro per me saltare questo passaggio. Quando ho ascoltato la registrazione dopo, ho notato che ogni dieci secondi c'era un suono strano nell'episodio registrato. Ho sprecato il tempo di tutti perché c'era questo rumore che è finito sulla registrazione che ho registrato solo dopo che abbiamo finito e fino a quando Lucas è tornato a casa.

Questo strano rumore sembrava un incrocio tra un ronzio e un ronzio. Posso descrivere al meglio il suono come un ronzio, come se un bombo e un vecchio frigorifero si unissero e avessero un bombo robot ibrido. Non ero felice. Per fortuna ho registrato due episodi con lui per due podcast diversi. Tutto questo, però, avrebbe potuto essere evitato se solo avessi ascoltato un campione di trenta secondi di una registrazione di prova con Lucas. Avrei sentito il ronzio, e avrei potuto affrontarlo prima che l'intervista fosse registrata. Il problema era che l'ho sentito solo pochi giorni dopo, quando sono andato ad editare e ho ascoltato la registrazione per la prima volta. Tutto è andato perduto.

Beh, non proprio. Ma ne riparleremo nel prossimo capitolo.

4

Non sei solo

Questo ci riporta sempre alla mente quei film di fantascienza spaziale che ci dicono che **non sei solo.** Riferirmi a questa citazione mi ricorda una battuta di un film sugli alieni che in sostanza ci dice che non siamo soli nell'universo e che lo condividiamo con gli esseri alieni. Spesso ho la sensazione che i podcaster siano quegli esseri alieni e, voglio che sappiate, *noi podcaster non siamo soli.* Anche se a volte si può essere chiusi in uno studio, registrando gli episodi da soli, montando gli episodi da soli, caricandoli da soli o gestendo i social media da soli. Sappiate che non siete soli. Puoi sentirti solo, e certamente puoi sentirti solo. Questo isolamento può essere difficile, e a volte è necessario parlare con i podcaster alieni che "capiscono". Forse si raggiunge fuori per fare una domanda semplice, stupida, o importante, o per ottenere la prospettiva di un podcaster alieno compagno podcaster su un enigma podcast in cui si potrebbe essere impantanati.

Sono qui per dirvi che non siete soli. Quando ho scoperto questo fatto, ho reso più facile il podcast-ing. Ci sono molti modi per connettersi con altri podcaster alieni come te. Ho trovato due grandi gruppi di podcast su Facebook semplicemente digitando "pod- cast support group" nella barra di ricerca. Non solo mi hanno aiutato, ma sono stato in grado di aiutare anche altri podcaster alieni. Una volta ho anche aiutato un podcaster ad avere il loro podcast sugli alieni online.

Condividere informazioni, essere generoso con i consigli e aiutare gli altri podcaster è qualcosa che ho notato che rende il podcasting così meraviglioso. Ho incontrato, aiutato e sono stato aiutato da così tante persone fantastiche che voglio solo inviare un ringraziamento speciale alle persone che gestiscono questi gruppi di supporto. A differenza di altre forme di media in cui ho lavorato, ho trovato che il podcasting è il gruppo più inclusivo, generoso e gratificante.

Lasciatemi tornare indietro di un capitolo, a quello strano ronzio sulla mia registrazione. Come mi ha aiutato un gruppo di supporto?

Avevo dato per scontato che le mie registrazioni fossero andate perse. Troppo buzz-hum rendeva impossibile il recupero, così ho pensato. L'ho attribuito a un errore di input da parte mia. Volevo andare a fondo del problema e ho pensato: "Se significa che la lezione si impara con la perdita di due registrazioni, così sia". Non volevo affrontare di nuovo questo problema. Così ho preso una clip di ventidue secondi della mia registrazione che aveva il ronzio, e l'ho messa sulla pagina del gruppo di supporto. Ho chiesto se qualcuno poteva identificare ciò che ho sbagliato, così non avrei più commesso quell'errore. Nel giro di venti minuti, un ingegnere audio in Germania mi ha contattato e mi ha inviato la stessa clip di venti secondi senza il buzz-hum. L'ingegnere mi invitò allora a mandargli l'intero episodio in modo che potesse sistemarlo per me. Non potevo credere alla generosità di questa persona. Li ho ringraziati nel mio podcast e loro mi sono stati grati. Ora ho un collegamento in Germania e, se dovessi avere altri problemi audio, posso assumere

per aiutarmi ad affrontare i miei problemi audio.

Per concludere, ho chiesto da cosa derivava il rumore del ronzio? Il tecnico non lo sapeva.

Non mi sono mai più imbattuto in quel problema. Credo che fosse solo un errore nella macchina.

5

Farete degli errori

Avrei potuto lasciare questo titolo con una pagina bianca, e penso che avresti capito. Ma vorrei davvero che qualcuno mi avesse detto quando ho iniziato: "Tu farai degli errori, tutti noi li facciamo. Non preoccuparti, sistema quello che puoi, e ricomincia da capo se devi farlo".

All'inizio, perderai il lavoro su cui hai lavorato per ore. Vi renderete conto che il vostro episodio non ha registrato per qualche motivo sconosciuto. Dimenticherete di presentare il vostro ospite. O forse sentirete la scoreggia che pensavate che il microfono non avrebbe risposto. Sì. Già visto, già fatto.

È quasi un rito di passaggio. Se mai avrete l'occasione di sedervi con i podcaster e bere un caffè podcast o, meglio ancora, un drink podcast rigido, chiedetevi "quali sono gli errori che avete fatto?" o "quali episodi avete perso a causa degli errori che avete fatto? Alla fine di quella conversazione, vi sembrerà di aver appena letto un tragico romanzo di Tolstoj.

Ecco alcuni errori che ho commesso:

- Ho dimenticato di premere il pulsante di

registrazione.

- Il software è andato in crash e ho perso il mio lavoro di editing.
- Registrato su un episodio che non avevo ancora usato.
- I miei livelli audio erano così alti che l'intero episodio era inutilizzabile.
- I miei livelli audio erano così bassi che l'intero episodio era inutilizzabile.
- Ero troppo vicino al microfono.
- Ero troppo lontano dal microfono.
- Sono stati registrati strani rumori (ricordate il ronzio?)
- Non riesco a sentire quello che viene detto perché passava un'auto stradale.
- C'era una mosca nella cabina, e tutto quello che si sente è il ronzio della mosca.
- Il mio computer non era collegato, ed è morto nel bel mezzo della registrazione.

Sappiate solo che siamo stati tutti lì con voi. Riprendetevi, rispolveratevi, lamentatevi un po', e tornate indietro e ri-registrate, ri-modificate, ri-producete. Non lasciare che gli errori ti fermino. Indossateli come un distintivo d'onore. Credo che tu non sia un vero podcaster finché non commetti almeno un errore monumentale.

Odio quell'espressione nietzschiana, *"ciò che non ti uccide ti rende più forte"*, ma nel podcasting è vero. I tuoi errori sono opportunità da cui imparare. Ammetto che è la cosa peggiore quando succede, ma, con la riflessione, ti renderai conto che è vero: gli errori ti rendono migliore. Tutte quelle citazioni che odi? Nel podcasting, suonano vere.

Quindi, "**Vivi, Podcast, Ridi**".

6

Segui la tua passione -
MA attenzione al frutto
della passione

Alcuni di noi vogliono creare podcast, ma non sappiamo quale dovrebbe essere il nostro obiettivo. Oppure abbiamo un obiettivo, ma poi quel fastidioso kraken ci sussurra all'orecchio: "La gente vorrà ascoltare un podcast sulla riparazione delle scarpe? La tua voce è davvero abbastanza buona per far sì che la gente lo ascolti? Sembri una patata in un sacco di iuta. Mi fai perdere tempo". Quando questo kraken dubbioso inizia a sussurrarti all'orecchio, basta che ti tocchi il dito medio con il pollice e che tu tocchi via quel kraken.

Se avete una passione per la riparazione delle scarpe, allora vi assicuro che ci sono altri là fuori che condividono questa stessa passione e vogliono ascoltare un podcast sulla riparazione delle scarpe. A pensarci bene, potrei fare un episodio di **The Insomnia Project** (*Il Progetto Insonnia*) sulla riparazione delle scarpe.

È inutile dubitare della vostra idea, del vostro podcast o della vostra voce. In definitiva, non lo saprete mai finché non scaricherete e rilascerete il vostro podcast e gli darete un po' di tempo per farlo trovare al pubblico. Posso dirvi questo: se non lo fate, non otterrete mai un pubblico.

Diciamo che hai un'idea, ma non sai se è sufficiente o sostenibile. Lasciatevi guidare da quest'idea. Iniziate a registrare e vedete dove vi porta. Forse un podcast sulla riparazione delle scarpe sarà lungo solo otto episodi, ma chi può dire che quegli otto non saranno un tuffo affascinante nel mondo della riparazione delle scarpe, e quanto sia divertente, e quanto sia "distruggi suole" quel mondo. (Sto facendo un episodio sulla riparazione delle scarpe).

Confida che la tua idea abbia quello che serve per diventare un podcast. Seguila con passione. Io dico che potrei ascoltare una persona che parla con passione di funghi dei piedi, perché ascoltare qualcuno che parla con passione di un argomento che ama è un po' emozionante.

Cosa c'entra il frutto della passione con questo capitolo?

Ecco un esempio di come non dubitare di un'idea. Questo ha funzionato per me nel mio mondo del pod casting. Sono allergico al frutto della passione. Lo so: è una cosa strana a cui essere allergici. Ma, se lo mangio, mi viene il prurito e devo prendere un antistaminico per far apparire i sintomi. Per mia fortuna, vivo in Canada, dove il frutto della passione non è il frutto più facile da trovare, quindi questa allergia non influisce affatto sulla mia vita quotidiana. Un altro nome per frutta della passione è *lilikoi*. È la parola hawaiana per definirla, per la precisione. Come l'ho scoperto? Sono andato alle Hawaii. Mentre il passionfruit è difficile da trovare in Canada, lilikoi è ovunque alle Hawaii. Così, ogni volta che andavamo da qualche parte a mangiare un boccone o a bere qualcosa e il server si avvicinava al nostro tavolo, dicevo: "Ho solo bisogno che tu sappia che sono allergico alle lilikoi". Tutti lo scrivevano sul loro blocco di carta e rispondevano con "Lo farò sapere allo chef", con una serietà rassicurante. Il mio ultimo giorno alle Hawaii, dopo aver nuotato con le tartarughe marine, aver salito e disceso un vulcano, aver guidato attraverso le foreste pluviali e aver camminato tra le cascate, abbiamo deciso di andare in un bel posto locale per la nostra ultima cena su quest'isola, giustamente paragonata al paradiso. Ho detto al nostro server per l'ultima volta: "Per tua informazione, sono allergico a lilikoi". La cameriera mi ha messo la mano sulla spalla, mi ha guardato negli occhi e mi ha detto: "Non so come fai". Ha graffiato qualcosa sul suo taccuino e ha detto: "Lo farò sapere allo chef". Guardai mia moglie e sorrisi e dissi: "Non è mai stato un problema per me, finché non sono arrivato in paradiso".

Ora ammetto che questa storia sembra gratuita. Tuttavia, il motivo per cui la menziono è questo: ho esitato a raccontare quella storia sul mio podcast, perché pensavo che fosse proprio così... gratificante. Quando ho fatto un episodio di **The Insomnia Project** (*Il Progetto Insonnia*) sulle Hawaii, quasi non ho incluso la storia di lilikoi. Anche se pensavo che fosse una bella storia, il kraken continuava a dirmi: "nessuno vorrebbe sentire questa stupida storia". La parte di me che è guidata dalla mia passione, howev- er, ha detto che avrei dovuto raccontare questa storia. Dopotutto, potrei sempre tagliarla, se non funzionasse nell'episodio. Dopo averlo riascoltato, ho pensato che fosse un momento così piccolo dell'episodio, così l'ho lasciato dentro. Non pensavo che nessuno se ne sarebbe accorto o se ne sarebbe interessato.

Giuro che entro quarantacinque minuti dalla messa in onda di quell'episodio, ho ricevuto un messaggio su Facebook che diceva "mi è piaciuto l'episodio di lillikoi". L'episodio era tutto sulle Hawaii, non sul frutto della passione, ma questo è ciò che è rimasto alla gente. Ricevo messaggi come questi: "Sono allergico agli aghi di pino; è un inferno intorno a Natale, ma il resto dell'anno non è mai un problema". Oppure: "mia moglie è allergica all'esoscheletro, quindi non può più mangiare la torta di velluto rosso, perché a volte si usa uno scarafaggio nella colorazione rossa". E la mia preferita: "Le allergie sono le peggiori".

Mi capita ancora che la gente commenti la mia allergia al frutto della passione, e penso: "Beh, se dovessi avere un'allergia, sono contento di averne ricavato una buona storia". Sono anche molto contento che la mia passione per il racconto della storia del frutto della passione non sia stata eliminata a causa di un kraken autolesionista.

7

Sii flessibile

Se avete seguito un corso di yoga, sapete che essere flessibili è molto importante per la vostra salute. Molti di noi potrebbero sopportare di allungarsi di più e diventare più flessibili.

Lo stesso vale per il podcasting.

È un fatto universale del podcast: essere coerenti con i vostri episodi podcast e rilasciarli in modo coerente è importante. Sentirete e leggerete che essere coerenti nel podcasting è fondamentale e, se non rilasciate contenuti coerenti, potreste perdere il vostro pubblico. In una certa misura questo è vero. Tuttavia, c'è stato un momento in cui ho dato di matto e ho registrato il mio podcast un'ora prima che andasse in onda, cercando di modificarlo e caricarlo e farlo uscire in tempo. Non ero al mio meglio. Stavo cercando di creare un episodio che fosse calmo e senza stress per le persone che ne avevano bisogno per addormentarsi, ed ero tutt'altro che calmo e senza stress. Ho iniziato a odiare il mio podcast a causa dello stress che mi stava causando. La gente dice che l'ingrediente segreto della cucina è l'amore: se non c'è, si rivela in cucina. Sentivo che questo era ciò che accadeva nel mio podcast. Si sentiva: la calma, la gioia e l'amore non c'era più.

Un'altra volta, stavo programmando gli ospiti e riorganizzando la mia giornata di lavoro per accogliere i miei ospiti, solo per avere diversi ospiti che mi hanno cancellato all'ultimo minuto. Mi ha causato grande ansia, ed ero arrabbiato con le stesse persone che si stavano dando da fare per essere ospiti del mio podcast. Mi stavano facendo un favore, eppure ero arrabbiato con loro. Perché ero così arrabbiato? Le cose succedono, dopo tutto. Questi ospiti non volevano dover cancellare, è successo.

Una volta, uno dei miei co-ospite non ha potuto registrare per tre settimane. Ero ansioso e frustrato, pensando che avremmo perso tutti i nostri ascoltatori, se non avessimo consegnato i contenuti in modo coerente e ciò per cui avevamo lavorato così duramente sarebbe fallito. Mi ha letteralmente tenuto sveglio la notte (e non ho bisogno di molto per farlo già) - un podcast per aiutare con l'insonnia stava facendo l'esatto contrario per me. Non volevo che fallisse, ma ho iniziato a insistere su cose che non potevo controllare.

Il problema era che ero inflessibile. Ho fatto di ogni aspetto del podcast una situazione di vita o di morte; nel podcast non lo è, e non deve esserlo per forza.

Così ho cambiato il mio approccio.

Ho fatto in modo che i miei podcast avessero una stagione. Ho determinato come dovrebbe essere una stagione con ogni podcast per eliminare lo stress e per concedermi una pausa. In altre parole, ho determinato quanti episodi avrebbero fatto una stagione per ogni podcast. Alla fine della stagione, posso prendermi una pausa e stabilire quando o se ci sarà un figlio di mare successivo. L'approccio è simile alle riprese di una serie televisiva, solo che solo tu, il podcaster, puoi determinare la durata della stagione. Il progetto Insomnia Project è lungo ventisei minuti e ogni stagione è composta da ventisei episodi. Beh, tranne che per la prima stagione, che è stata più di 100 e che è stata la causa di tutto lo stress.

Ora, se perdo una settimana, non mi stresso per questo. Nell'episodio che va in onda dopo quella settimana mancata, mi limito a informare i miei ascoltatori che mi dispiace che abbiamo perso un episodio, e che siamo tornati e pronti a partire. Oppure non ne parlo nemmeno, e la vita va avanti in modo perfettamente normale.

Se i miei ospiti cancellano, il mio nuovo approccio non è quello di stressare, perché tutto si risolverà. Invece lavoro su altri aspetti dei miei podcast durante l'orario previsto. Ho anche fatto alcuni episodi da solo, e sono venuti fuori piuttosto bene. Lo so, perché i miei ascoltatori mi hanno informato che si divertono con questi episodi "solisti". Guardate la scoperta che ho fatto grazie alla mia flessibilità!

Anche i miei ospiti apprezzano la mia nuova prospettiva, perché sono molto dispiaciuti di aver perso la nostra registrazione in programma. In genere, rispondo con qualcosa del tipo: "Non preoccupatevi! Voglio che sia divertente e spensierato. Non voglio mai che sia stressante per voi o per me, perché i miei ascoltatori lo sentiranno e questo non è il mio obiettivo". Tirano un sospiro di sollievo, e sono riconoscenti, e poi ci divertiamo un sacco quando ce la fanno.

Quando succede qualcosa e i miei co-ospitatori non possono registrare, modificare o incontrare, non mi stressano - divento flessibile. Penso tra me e me: "Ok, niente stress.

Quando possiamo farlo. Lo faremo".

Questa ritrovata flessibilità ha fatto diverse cose. Mantiene la gioia del podcasting per me. Mi piace adottare questo approccio, perché il podcasting è ancora una cosa che mi piace fare, e dedico molto tempo a farlo accadere. Quando succede qualcosa (e qualcosa succederà sempre), sono flessibile e questo mi aiuta a continuare a creare.

L'ultima cosa che voglio che succeda è essere così scoraggiato per un episodio incompleto programmato per, diciamo, un'uscita di mercoledì. Non è la fine del mondo e non è la fine del mio podcast. Non vorrei precipitarmi in una spirale di negatività o di dubbi su me stesso e pensare "che senso ha? Non posso sostenere questo", o "sono un fallimento". Non ho bisogno di kraken rigidi che alimentino la mia inflessibilità.

Come si dice nello yoga, "non dimenticare di respirare". Prendete un respiro e tornate a farlo quando potete. Fate del vostro meglio per fare il miglior podcast possibile e la gente vi ascolterà. Cercate di essere il più coerente possibile senza causare inutili stress nella vostra vita. A volte potrebbe essere necessario prendersi una pausa dal podcast, e questo va bene.

Siate flessibili: è un bene per voi e per il vostro podcast.

8
ASCOLTARE, ASCOLTARE E ASCOLTARE ANCORA

Se volete entrare a far parte del paesaggio podcast, dovete ascoltare le colline e le valli.

Che diavolo significa?

In parole povere, se vuoi fare un podcast, devi ascoltare tutto ciò che c'è là fuori: il buono, il cattivo e sicuramente il brutto.

Quando dicevo alla gente di ascoltare i podcast durante i nostri "caffè podcast", loro rispondevano: "Ma io li ascolto i podcast". La differenza fondamentale è l'ascolto intenzionale.

Cosa intendo dire con questo? Ascoltare una moltitudine di podcast. Ogni piccola cosa che senti su questi podcast che ti piace, scrivila; ogni piccola cosa che senti su questi podcast che odi, scrivila.

La chiave è fare quanto segue:

- Ascoltate i podcast popolari, soprattutto se non rientrano nel genere del vostro podcast.

- Ascoltate i podcast che fanno parte del vostro genere, soprattutto quelli con un grande pubblico.

• Ascoltate i podcast che non vi interessano.

Allora adotta le cose che senti che ti sono piaciute. E assicuratevi di non fare le cose che avete sentito e che non vi sono piaciute. Voglio essere chiaro: non sto dicendo che va bene rubare una con- tenda, o imitare lo stile personale di un podcaster. Non rubare un segmento che hai sentito mentre ascoltavi il podcast di un'altra persona. Incorporate ciò che avete ascoltato nel vostro lavoro di inquadratura, nel vostro stile, nelle vostre idee di segmento per il vostro podcast.

Lasciate che ve lo illustri. Prendiamo come esempio la creazione del mio podcast di food and beverage, *Eat & Drink* (*Mangiare e Bere*). Quando mi sono preparato per crearlo, ho ascoltato un gruppo di podcast di Food and Drink.

Qui ci sono cose che mi sono piaciute (*le buone*):

• Sentire la storia delle bevande.

• Un approccio casuale e facile al cibo e alle bevande.

• Le discussioni sul cibo e le bevande sono state effettivamente assaggiate durante il podcast.

Qui ci sono cose che non mi sono piaciute (*le cattive*):

• Prendere l'argomento troppo sul serio.

• Parlare troppo di un argomento specifico.

• Atteggiamenti sprezzanti, come se il podcaster fosse migliore del pubblico.

Ecco le cose che mi hanno fatto impazzire (*le brutte*):

• Podcast non segmentati, cioè un podcast che non ha una

struttura.

- Rumori non identificati che mi fanno pensare a cosa stavano facendo.

- Podcaster che dicono: *"Torniamo subito"*. Questo non ha senso in un podcast!

Queste sono osservazioni che ho fatto. Potresti sentire esattamente il contrario. Questo è ciò che rende il podcasting così speciale: si crea il podcast che si vorrebbe ascoltare. Sì, probabilmente ci sono delle linee guida che tutti noi dovremmo seguire. Sì, un podcast che dura cinque ore potrebbe non essere quello che la maggior parte delle persone cerca. Ma, se vi parla, provate a fare di più e meno di quello che non vi parla. Questo è ciò che rende questo paesaggio così speciale. Se **Eat & Drink** non funziona per voi, ci sono un sacco di altri podcast di cibo e bevande là fuori per voi da ascoltare.

Dopo aver ascoltato abbastanza podcast che rientrano nelle vostre categorie buone, nelle vostre categorie cattive e nelle vostre categorie brutte, probabilmente vedrete uno schema. Noterete che ciò che vi piace può attraversare i generi di podcast, e, allo stesso modo, vedrete cose che odiate nei podcast di qualsiasi genere.

È sorprendente pensare che la vostra ricerca in questo paesaggio sia fatta per lo più con le vostre orecchie. Dico "per lo più" perché lo stesso suggerimento può essere applicato al design del vostro logo. Guardate i loghi che vi parlano, quelli che sembrano saltare fuori. Che cos'è che ti piace di quelli che ti piacciono?

- Il logo riflette il tono del podcast?
- Hanno colori e font brillanti?
- Sono semplici, sottili o sublimi?
- Sono divertenti o seri?

Progettate il vostro logo con elementi che vi piacciono e assicuratevi che non abbiano elementi che odiate.

Nel mio caso, non sono un grande fan dei loghi con microfono. È solo una preferenza per il sonoro. La mia reazione a questo è questa: Ho capito che stai facendo un podcast e stai usando un microfono per registrarlo. Personalmente, voglio vedere cos'altro fate nel vostro logo, o voglio vedere una certa personalità nel vostro logo. Potrei anche voler vedere qualcosa di non prevedibile nel vostro logo. Detto questo, il **Progetto Insomnia** ha una pecora che salta sopra un microfono. E funziona.

Quindi a ciascuno il suo.

9

Fai ciò che è giusto per te

Ok, quindi ora avete ascoltato un mucchio di podcast. La vostra ricerca non dovrebbe finire qui. Quando dico "fai ciò che giusto per te", quello che intendo è fare la ricerca di cui avete bisogno per **il vostro** podcast e ciò che **vi** conviene di più. Ci saranno un sacco di informazioni intorno al podcasting che sembreranno "must" - "se vuoi essere preso sul serio come podcaster, dovrai fare questo o quello". Ci sono un sacco di opinioni sul podcasting, ma non tutte sono adatte a te e al tuo podcast. Prendete un po' di tutto. Questo include quello che avete letto in questo libro. Se quello che ho scritto non parla di come volete dare forma al vostro podcast, ignoratelo. Spero che riuscirete a far tesoro delle informazioni che avrete, ma, se non lo farete, almeno saprete cosa non vi andrà bene.

Sicuramente, cercate tutte le informazioni che sono là fuori e scegliete ciò che è giusto per voi.

Quando ho iniziato il mio podcast, l'ho ospitato su un network gratuito, perché ho pensato che se non mi piace fare questo, allora non mi costerà nulla. All'epoca, questa rete non aveva alcuna analisi, nessuna programmazione e nessun modo semplice per collegare i siti web alle note del podcast. Sono andato avanti... Ho fatto crescere questa rete abbastanza velocemente. Odiavo il fatto che non riuscivo a capire da dove le persone mi ascoltavano. Odiavo il fatto di non poter programmare gli episodi in anticipo. Odiavo il fatto di limitare la piattaforma gratuita e le poche opzioni disponibili.

Così, prima di lanciare il mio prossimo podcast, ho fatto una "due diligence": ho fatto ricerche sulle piattaforme di hosting dei podcast per vedere quale fosse la più adatta a me. Una era considerata il gold standard delle piattaforme, ma non rientrava nel mio budget. Sapevo anche che avrei creato più podcast e averne più di uno su questa piattaforma gold standard sarebbe stato molto costoso. Ho guardato tre potenziali candidati per l'hosting. Il primo è molto conosciuto, e così spesso mi è stato raccomandato. Ho davvero controllato quella piattaforma. Avrei potuto semplicemente andare con loro, perché mi sono stati altamente raccomandati. Ma invece ho fatto il mio dovere. Li ho chiamati e ho fatto loro alcune domande importanti per me e per i miei podcast.

- Ho chiesto: "Potrei programmare personalmente l'ora e la data del mio podcast?". Sì.
- Ho chiesto: "Avete l'analitica?". Sì.

Poi ho approfondito ulteriormente questa piattaforma di hosting e ho esaminato le esigenze specifiche del mio podcast.

Poi ho chiesto: "Come sono i vostri dati analitici canadesi?". In realtà non esistono.

Come sapete, sono un podcaster canadese, quindi le informazioni analitiche specifiche canadesi sono la chiave per me. Mi hanno detto che potevano darmi solo un'idea di chi stava ascoltando in ogni provincia, ma non in città specifiche. Questo non mi andava bene. Così sono passato al podcast successivo, che si è rivelato essere la piattaforma più economica. Dopo ulteriori ricerche, mi sono reso conto che questa piattaforma fa pagare di più per i contenuti caricati. Così ho pensato che non sarebbero stati adatti alle mie esigenze a lungo termine; man mano che il mio podcast cresceva e venivano caricati più contenuti, questa sarebbe diventata l'opzione più costosa.

Poi, mi sono rivolto alla mia terza scelta: la piattaforma che era nuova sulla scena. Avevano tutto quello che volevo, incluso il supporto tecnico della chat. Amo il supporto tecnico della chat; odio le e-mail e l'attesa di una risposta. Non voglio chiamare e aspettare in attesa, ma mi siederò volentieri davanti alla TV e avrò lo schermo della mia chat aperto per ore prima di ricevere una risposta. Questo sistema funziona meglio per me. Sono stato molto felice con loro. Rispondono alle mie esigenze (tra l'altro non aspetto mai più di quindici minuti per il loro supporto tecnico di chat).

Quando un amico mi ha chiesto di recente quale piattaforma di hosting uso, ho risposto: "fai la tua due diligence: non usare necessariamente quello che funziona per me, fai ciò che è giusto per te". A quanto pare la mia piattaforma non ha funzionato per le loro esigenze; invece, la prima opzione di piattaforma (che non ho scelto) ha funzionato perfettamente per il loro podcast.

Faccio la mia "due diligence" con tutto ciò che circonda il mio podcast. Per esempio, i miei microfoni, passerò un'ora nel mio negozio di audio locale, dopo aver già fatto ore di ricerca online. Farò al responsabile delle vendite una serie di domande sui microfoni che sto considerando. Poi diventerò super specifico con le mie esigenze. Dirò loro che ho la tendenza a far scoppiare le mie "p" e le mie "b". Continuerò a dire loro cose che all'epoca possono sembrare frivole, ma che poi sono contento di aver menzionato. Ricordo la risposta del venditore la prima volta che ho accennato al mio problema con le "p" e le "b"; mi consigliarono un microtelefono della mia fascia di prezzo più adatto al mio problema. Non sapevo nemmeno che questo microfono esistesse, e si è rivelato essere il microfono giusto per me, per il mio podcast e per i miei stop plosive!

Sì, ci vuole più tempo per farlo, e sì, può essere più divertente anche solo saltare dentro e iniziare. Sono l'ultima persona che vuole fermare lo slancio di qualcuno, ma vi dico che vi farà risparmiare tempo in futuro, soprattutto man mano che il vostro podcast si sviluppa e che vi sviluppate come podcaster. Se ti prendi un po' di tempo per fare il tuo dovere, ti troverai in una posizione di partenza migliore per il tuo podcast.

10

Lanciare più di un episodio

Questo è un consiglio che ho imparato dopo aver lanciato il mio primo podcast, ma sono stato in grado di beneficiarne almeno per i miei due podcast successivi.

Se il vostro podcast permette questo suggerimento, vi consiglio vivamente di farlo.

Lancia più di un episodio quando lanci il tuo podcast. Invece di lanciare un solo episodio e un secondo episodio la settimana successiva, lancia da tre a cinque episodi alla data di lancio.

Il motivo è che vuoi che i tuoi potenziali ascoltatori sappiano che non sei un prodigio. Il pubblico vuole sentire che, se investe il suo tempo nell'ascolto del suo podcast, non scomparirà dopo il primo episodio perché il podcast non fa per lei.

Inoltre, se gli piace il tuo podcast, potrebbero volersi abbuffare, il che è un buon modo per farli appassionare. Penso che cinque episodi siano il punto forte, ma se puoi farne solo tre, funzionerà. L'obiettivo è quello di dar loro abbastanza per entrare nel vostro podcast e sentirsi sazi fino al prossimo episodio.

Alcuni podcast non possono pubblicare altri episodi nella loro data di lancio, perché il loro podcast tratta argomenti in tempo reale. I loro episodi devono andare in onda in quella particolare settimana, perché ci saranno informazioni tempestive che potrebbero essere il punto cruciale del loro podcast. Oppure possono avere una stagione limitata a sei episodi, ovvero tutti gli episodi che il loro podcast dedicherà a questo argomento. Naturalmente, in questo tipo di casi, questo capitolo potrebbe non essere applicabile.

Tuttavia...

Consiglierei comunque di trasmettere un pre-episodio. Pensatelo come un trailer di un film: racconta al vostro pubblico un po' di più di quello che potrebbe aspettarsi, come ad esempio quando andrà in onda e chi ci sarà protagonista, oltre a un dettaglio emozionante o due. Non deve per forza entrare nella grinta del contenuto. Stai solo trasmettendo al tuo pubblico ciò che verrà. Può essere breve come due minuti. Può spiegare di cosa parlerà il vostro podcast, o dire al pubblico che avete un podcast emozionante che andrà in onda in questa data e lo farà entusiasmare per il lancio.

Anche se questo può sembrare un ottimo modo per stuzzicare il pubblico a prepararsi per il podcast, o per costruire la suspense e l'impegno, il motivo principale per ottenere il vostro pre-episodio è questo: quando si è pronti a mandare in onda il podcast, andrà in onda nella data che si desidera. Hai già stabilito il "feed uplink", grazie al tuo pre-episodio.

Cosa intendo per stabilire il feed uplink? Possono essere necessarie ad Apple Podcasts fino a due settimane per accettare il tuo podcast come parte della loro directory (spesso è molto più breve, ma dovresti concederti una finestra di due settimane se puoi). Questo ti dà anche il tempo di contattare Apple Podcasts se non hanno accettato il tuo feed RSS. RSS sta per "Really Simple Syndication" ("semplice contrattazione sindacale") ed è un web feed (link) del tuo contenuto (podcast) che è stato standardizzato (titolo, numero di puntata e così via), consentendo a un sito web di estrarre e pubblicare quella contenuto.

La pubblicazione di un pre-episodio o di un trailer consente di affrontare qualsiasi problema che potrebbe sorgere con il vostro feed RSS e le directory che lo utilizzano per la pubblicazione. Cerco di dare ai miei podcast almeno dieci giorni di tempo per il lancio su iTunes. Anche se non ho registrato il primo episodio, registrerò questo teaser pre-episodio e lo lancerò. Quando sarò pronto a lanciare il mio primo episodio, posso essere sicuro che il feed RSS funzionerà, e finirò sulle varie directory, come iTunes, Stitcher, Spotify e altre directory disponibili.

Non preoccupatevi se i dettagli del vostro pre-episodio o del trailer non corrispondono esattamente a come saranno i vostri episodi; le cose possono cambiare tra la pubblicazione di questo pre-episodio e la pubblicazione del vostro primo episodio. È più importante che sia attivo e funzionante, in modo da poter garantire che il vostro RSS feed venga prelevato e pubblicato dalle directory.

11

Il Forte della Coperta contro il Posto Tranquillo

Come ho detto in un capitolo precedente, quando ho iniziato a fare podcasting, ho cercato di far sembrare i miei episodi perfetti. Mi è stato detto che si può costruire uno studio con pesanti coperte appese alle pareti, usando bastoni per tende e tubi in pvc. Così ho allestito questa folle stanza delle coperte nel mio seminterrato con le coperte di lana più pesanti per tenere lontano il rumore. Non mi ero reso conto che questo fortino di coperte teneva anche fuori la luce e l'aria, e così ero riuscito a trasformare il mio seminterrato in una sauna di lana scura. Era scomodo e difficile registrarci dentro. Mi sentivo come se fosse un posto dove il diavolo si sarebbe sentito a casa: faceva un caldo infernale! Ho registrato un mucchio di gusci in questo forte, e il suono era decente. Avevo ridotto il rumore fuori dal fortino di coperte, oh certo, ma dentro, il nostro respiro era affannoso per il caldo. Per vedere nel forte, ho dovuto portare una lampada e questo ha creato più calore. Questo fortino di coperte rattoppate mi ha anche fatto venire il mal d'occhio, con grande dispiacere di mia moglie. È difficile da inserire in un'estetica di design con coperte aziendali appese a tubi in pvc.

Ora, se pensate che questo sia un ottimo modo per creare uno studio, allora tutto quello che dovete fare è creare un fortino con coperte di lana o coperte mobili trapuntate, con abbastanza spazio per voi e le vostre attrezzature, in modo che voi e le vostre attrezzature siate circondati da coperte antirumore. Personalmente, penso che funzioni meglio per un podcast solista: tu, in un piccolo armadio, con coperte intorno a te per smorzare il rumore. Una volta che si ottiene il calore corporeo di uno o più ospiti aggiuntivi lì dentro, diventa scomodo e insopportabile. Inoltre, ci vogliono molte coperte per fare un forte costruito per più di uno.

Poi c'è il "posto tranquillo". Ho trovato il punto più tranquillo della casa: lontano dal ronzio del frigorifero, dal giardino del vicino dove il cane ama abbaiare incessantemente, dal gorgoglio dell'acqua dei tubi di scarico del bagno della casa o dal rumore del forno che ansima il calore della fornace. Ho messo in atto una regola severa: non si tira lo sciacquone mentre registriamo. Questo non è stato accolto con felicità, lasciate che ve lo dica. A mia moglie piace tirare lo sciacquone quando vuole, e chi può biasimarla? Ma ho fatto del mio meglio per mantenere il silenzio. Il posto tranquillo era completamente tranquillo? No, certo che no. Succedeva sempre qualcosa che non potevo controllare. Ma una volta sceso dal treno "deve essere perfetto", ho deciso di prendere il treno "il meglio che posso fare con quello che ho".

Penso che sia una buona pratica identificare i suoni che il mio pubblico potrebbe sentire mentre registriamo. Quindi, se il treno decide di fischiare in lontananza mentre stiamo registrando, mi limito a dire: "Se state sentendo quel suono, è il treno vicino a casa mia che dice 'ciao'". Ho scoperto che, finché l'ascoltatore è informato del rumore che sente sul podcast, di solito è d'accordo. Non rimangono a chiedersi cosa sia quel suono non identificato. L'ho imparato dalla mia fase di ascolto, ascolto e ascolto. Avevo catturato il podcast di Tim Ferriss, **The Tim Ferriss Show** *(Lo Show di Tim Ferriss)*. Il suo cane abbaia spesso durante i suoi episodi in cui dice solo: "Questo è il mio cane Molly...". Continua senza scusarsi o trovare scuse; è solo una parte del suo podcast. Ho pensato che fosse geniale. Identifica il suono che il tuo pubblico sente, e non si distrarrà cercando di capire cosa fosse quel suono.

Sono molto fortunato: ora ho uno studio a casa mia. Abbiamo trasformato un angolo scomodo nel nostro seminterrato in uno studio che ospita due persone in modo piuttosto confortevole. Abbiamo fatto aderire alla parete piastrelle in schiuma fonoassorbente e abbiamo messo una porta a prova di rumore. È completamente privo di rumore? No. Funziona? Sì! Mi dà il miglior suono che posso permettermi, e posso creare uno spazio che funziona meglio per me e per la mia casa. Non dimenticherò mai quando stavamo iniziando i lavori di ristrutturazione nel nostro seminterrato e mia moglie si è rivolta a me e mi ha detto: "Non abbiamo bisogno di una cantina, non abbiamo bisogno di una sauna, abbiamo bisogno di uno studio di registrazione". E, ancora una volta, aveva perfettamente ragione.

Ecco un problema recente che ho incontrato nel mio studio. Dato che è nel mio seminterrato, fintanto che nessuno si trova direttamente sopra lo studio, il suono è ottimo. Cosa c'è direttamente sopra lo studio nel seminterrato, vi chiederete? L'ingresso di casa mia, naturalmente.

Così, a volte, mentre sto registrando, mia moglie, Amanda,

torna a casa, e la sento mettere via il cappotto, le chiavi che tintinnano, e il suo andare in giro, che se ti trovi proprio sotto di lei, suona più come un calpestio. Per evitare questo, le mando un messaggio quando sto registrando, quindi non è più un gran problema. Tuttavia, quest'anno mi ha fatto un bel regalo di compleanno: uno di quegli aspirapolvere robot a disco che si possono programmare per pulire la casa in certi momenti della giornata. Beh, il mio si spegne ogni giorno all'una del pomeriggio in punto. Si dà il caso che all'aspirapolvere piaccia fare un buon lavoro di pulizia... la zona sopra il mio studio. Così ora spesso interrompo la registrazione del mio podcast per andare di sopra per evitare che il mio aspirapolvere robot faccia temporaneamente il suo lavoro. Proprio quando pensavi che fosse sicuro andare nello studio di registrazione....

Il rumore sarà sempre una sfida che si affronta come podcaster. Affrontatela al meglio e non spendete una fortuna. Non costruite una camera di coperte se devono essere calde e insostenibili. Non preoccupatevi se il vostro posto tranquillo non è perfettamente tranquillo, o così tranquillo come speravate che fosse. Sto dicendo di registrare il podcast sotto il percorso di atterraggio degli aerei? Certo che no. All'ascoltatore medio andrà bene un po' di rumore, a patto che ciò non pregiudichi il contenuto dell'episodio.

12

Test, Testing, Tester

Ecco un consiglio che ho trovato prezioso e spero lo sia anche per voi. Prima ancora di pensare di lanciare il podcast, fate un tester. Che cosa significa?

In pratica, registra quello che pensi di volere che sia il tuo podcast, come se dovessi mandare in onda questo episodio domani. È una prova generale, per quelli di voi come me che pensano in termini di teatro.

Registratela voi. Ascoltatelo voi. Capite cosa funziona e cosa no. Registrate con la consapevolezza che questo episodio non andrà mai in onda sul vostro podcast. È un test, è solo un test e, se si rivelerà brillante, diventerà parte del vostro podcast. In caso contrario, avrete imparato molto dalla realizzazione di questo episodio di prova.

La durata del vostro episodio è fattibile o avete esaurito il vostro entusiasmo? Avete trovato che fosse troppo breve per tutti i contenuti che volevate inserire? Ci sono segmenti che sembrano piatti? Il ritmo sembra giusto? È successo qualcosa di brillante nella registrazione che volete sviluppare in un vero e proprio segmento del podcast?

Abbiamo scoperto dopo aver ascoltato il nostro tester per **Eat & Drink** (*Mangiare e Bere*) che la fine non ha funzionato. Semplicemente non sembrava che lo spettacolo fosse completo. Volevamo finire su una nota umoristica. Poi, dopo quattro episodi di prova, abbiamo scoperto cosa mancava. Ali Hassan, il mio co-conduttore e co-produttore, ha pensato che ci servisse un segmento divertente e con un nome accattivante. Se n'è uscito con "Cosa c'è in bocca a Marco?" In sostanza, in questo segmento, io sono cieco e lui mi dà da mangiare e devo indovinare cos'è. Dopo aver fatto un tester con quel segmento, sapevamo che questo era quello che cercavamo. Abbiamo assunto qualcuno - uno per registrare una piccola intro musicale per quel segmento e il nostro tester podcast suonava come quello che volevamo che fosse. Solo dopo siamo andati avanti. Ora riceviamo un sacco di risposte solo per quel segmento - e siamo così felici che ci siamo presi il tempo di fare gli errori in quegli episodi del tester. Questo ci ha permesso di creare un podcast che sembrava fantastico fin dal primo episodio.

Every Place is the Same (*Nato in Questo Giorno Podcast*) è lo stesso, è un podcast che dirigo e produco con la conduttrice e la collega Daniela Vlaskalic. Abbiamo fatto molti tester. Ci è piaciuta molto l'idea del podcast, ma abbiamo scoperto che i nostri tester non funzionavano. Abbiamo modificato ogni episodio, ed erano ok... ma non stavamo solo andando bene.

La nostra premessa per questo podcast è che ogni singolo posto nel mondo è uguale a tutti gli altri posti del mondo. L'obiettivo è di farlo con umorismo e di farlo in dieci minuti. Dopo aver ascoltato i tester, ci siamo resi conto che lo show aveva bisogno di un po' più di margine e di un ritmo più veloce. Così ho diretto Daniela per provare un episodio come se fosse una reporter aggressiva e di parte che cerca di dare la caccia a una notizia dell'ultima ora, cercando con veemenza di dimostrare il suo punto di vista in ogni caso. Doveva essere implacabile e aggressiva. Abbiamo fatto un test e ha funzionato. Abbiamo capito che funzionava nel momento in cui abbiamo smesso di registrare. Lo abbiamo riprodotto e ascoltato, ed è nato il nostro show. Dimostra anche la nostra tesi che, anche con un personaggio ridicolo che lo dice, "siamo tutti più uguali che diversi".

Informiamo tutti i nostri ospiti che Daniela interpreterà una versione più acuta di se stessa e che sarà aggressiva e stimolante, anche quando li istruirà ad accettarlo. I nostri ospiti si divertono talmente tanto in studio che la maggior parte del mio tempo di montaggio lo passo a montare le risate.

Ci vorrà del tempo prima che il podcast trovi il suo ritmo. Potresti voler fare un po' di movimento e non preoccuparti di fare i tester, potresti anche pensare che ti rallenteranno. Ma io sostengo che nel testare alcuni episodi con la consapevolezza che potrebbero non andare mai in onda, potreste trovare il vostro ritmo. più velocemente e più facilmente.

13

*Non lasciare che la
tecnologia ti trattenga*

Questa è una cosa che vorrei aver imparato presto nella mia carriera di podcasting. Quando mi sono cimentato nel podcasting, non avevo la fiducia di poter gestire l'editing dell'audio e l'impostazione del microfono, così ho lavorato con due ingegneri del suono per aiutare a realizzare il mio podcast. Uno di loro era terribile: aveva dei kraken personali con cui aveva a che fare e in genere non era così bello avere a che fare. Si capiva che il suo primo amore era fare il DJ in un bordello da qualche parte in città e, mentre questo lavoro lo teneva sveglio la notte, *The Insomnia Project (Il Progetto Insonnia)* non era certo la sua priorità. L'altra persona era fantastica, ma così impegnata con altri concerti audio che non poteva essere coerente con le sue disponibilità e che avrebbe annullato all'ultimo minuto. Non potevo ottenere il nostro audio da entrambi questi individui quando ne avevo bisogno. Di conseguenza, è stato difficile far funzionare il podcast.

Devo dire che questo era anche prima che ci fosse una pletora di ingegneri del suono e di redattori che ora lavorano nello spazio di podcasting. Sono certo che se iniziassimo oggi e che questa fosse ancora una priorità, potrei trovare persone competenti in grado di de- fegato ciò di cui ho bisogno per il giusto prezzo. Se questo è ciò che vi aiuterà a far decollare il vostro podcast, e avete il budget per questo, penso che sia un'ottima soluzione audio per voi. Tuttavia, per la maggior parte dei podcaster indipendenti, non funzionerà.

Avevo bisogno di trovare una soluzione economica e tempestiva. Così, a un certo punto, ho deciso che avrei imparato a farlo da solo. Mi sarei preso il tempo necessario per imparare il materiale tecnico necessario per il podcast. Ero determinato ad imparare come registrare e modificare l'audio e come caricare e produrre gli episodi. Mi sentivo sempre a mio agio davanti a un microfono. Questo non era un problema per me, ma gli aspetti tecnici della registrazione e del montaggio non erano uno spazio in cui mi sentivo super a mio agio lavorando. Ho fatto del mio meglio per mettermi al lavoro e guardare una tonnellata di video online su come registrare e montare, a quali livelli di suono deve essere registrato, come fare in modo che l'audio registrato suoni al meglio e come montare su un'unica piattaforma. E poi, dopo un paio d'anni di podcasting, ho seguito un corso per imparare a montare su una piattaforma completamente nuova. E se ho imparato io, potete farlo anche voi.

Quindi, non lasciate che la tecnologia vi trattenga.

- È complicato? **SÌ.**
- Farete degli errori? **SÌ.**
- Urlerete contro il computer? **SÌ.**

Eppure, con ogni sfida, diventerai un podcaster migliore. Capirete davvero entrambe le parti: gli aspetti tecnologici e non tecnologici del podcasting vi renderanno più esperti nel podcasting, in modo che accadano altre cose. Credo davvero che se ti avvicini al podcasting in modo olistico - cioè se ti prendi il tempo di capire tutti i suoi elementi - diventerai un grande podcaster. Per esempio, capirete ciò che ci vuole molto tempo per correggere nell'editing del vostro podcast, e, a causa di questa scoperta, potreste smettere di fare qualcosa al microfono che influisce sul vostro tempo di editing. Vi aiuterete solo a creare un podcast più omogeneo nel suo complesso.

Ho imparato un prezioso suggerimento per quanto riguarda l'editing audio. Mi stavo lamentando con un podcaster di quanto sia difficile individuare gli errori nella mia registrazione durante l'editing. Anche se, durante la registrazione, mi rendo conto che "Oh, questo è un errore, dovrò modificarlo più tardi", non ho avuto modo di trovare quel momento in cui sono andato a modificarlo. Ho cercato di scrivere dei codici temporali per aiutarmi a trovare quei momenti. Ma spesso sono così preso da ciò che viene detto che mi dimentico di annotare i codici temporali e, francamente, non volevo sembrare scortese al mio ospite. Così gli errori sarebbero stati errori e non avrei avuto idea di dove si trovavano nella registrazione. Poi mi è stato detto **dello scatto**.

Cos'è **lo scatto**? In pratica, quando qualcosa va storto, basta schioccare il dito davanti al microfono. Perché mai dovresti farlo? Beh, lo fai in modo da causare un picco nel tuo audio. Sembrerà una lunga raffica di audio sul vostro file audio. Un po' come quando la scala Richter valuta la magnitudo di un terremoto e registra un picco sul grafico. Ora, durante la mia registrazione, quando qualcosa va storto, schiocco le dita direttamente davanti al microfono. Poi, quando sto montando e vedo quel picco, so che è qui che è successo qualcosa che dovrò affrontare.

Questo mi riduce il tempo di montaggio. Ho imparato questo grande suggerimento lamentandomi con un compagno podcaster della mia frustrazione.

Questo mi porta alla "**Regola delle 3 ore e dei 15 minuti**".

Vorrei che qualcuno me l'avesse detto quando ho iniziato a fare podcasting. Avrebbe fatto aumentare il mio livello di stress o, meglio ancora, lo avrebbe fatto diminuire. Invece, non conoscendo questa regola, il mio livello di stress da podcast era in costante aumento. Se non fossi stato così concentrato sul mio lavoro di podcasting, probabilmente mi sarei potuto sedere e avrei potuto capire questo. Detto questo, a volte sono le cose più semplici che devono essere evidenziate. Più lo si fa, più è facile. Lo capirai. Le scorciatoie si riveleranno.

Quando ho deciso di registrare e montare *The Insomnia Project* (*Il Progetto Insonnia*) per la prima volta, mi ci sono volute tre ore per montare un episodio di ventisei minuti. Devo dire che sono impressionato da me stesso che, nonostante tutto quel tempo, non ha ucciso il mio podcast!

Ora mi ci vogliono quindici minuti per fare la stessa quantità di lavoro. (Per completezza, alcuni episodi mi richiedono più tempo se ci sono dei difetti nell'audio o, diciamo, al mio ospite piace tossire durante tutto il tempo - sì, sto parlando con te Michelle Miracle). Nel complesso, mi ci vuole una frazione di quello che ha fatto prima. Questo perché più lo facevo e più imparavo, più diventava facile modificarlo.

Anche la mia vita è diventata più facile. Mentre facevo il montaggio mi venivano in mente domande specifiche. Potevo fare queste domande ai miei gruppi di supporto, o ai miei amici podcaster, o anche ai miei amici podcaster, o anche a quelli che hanno un'abilità tecnica più impressionante della mia.

Nei primi tre mesi di podcasting, ho imparato così tanto. Ho fatto un sacco di errori, ma ho fatto anche un sacco di grandi cose. Ho un sistema che uso per rendere più facile la mia registrazione, il mio editing più facile e la mia pubblicazione più facile. Sono unici per ciò che funziona per me, e per ognuno dei miei podcast sono in qualche modo diversi.

Immaginatemi in agonia per tre ore per capire come registrare e modificare un podcast il cui contenuto dovrebbe rendervi così rilassati da potervi addormentare. L'ironia della cosa non mi sfugge.

Ora, è un gioco da ragazzi! Beh, va bene, non è facile come mangiare una fetta di torta, ma è facile come trovare un posto dove comprare una fetta di torta e mangiarla in un bel caffè.

Capirete cosa funziona per voi. E potrebbe essere una cosa che si ottiene da questo libro o da diverse cose. Potrebbe essere un modello che trovate online in un forum di podcast. Oppure, potrebbe essere qualcosa che avete sentito per caso sull'autobus. Qualunque cosa funzioni, usatela. Sappiate che più approfondite e lavorate nel mondo del podcasting, più le cose diventeranno facili.

Questi piccoli consigli vi aiuteranno ad affrontare la tecnologia. Credetemi, se posso capirlo io, potete farlo anche voi. Anche se pensate che il meglio che possiate fare sia semplicemente premere il pulsante di registrazione, vi posso assicurare che, con il tempo, la pazienza e la forza d'animo, potete farcela. Imparerai e sarai un podcaster migliore. Andate e datevi da fare!

14

Campane e fischi

Non sono né un designer, né un musicista, ma avevo bis- ogno di un logo e di musica per i miei podcast. Il mio primo podcast mi ha fatto chiedere favori ad amici come Matt Campagna, che non solo ha scattato la foto, ma ha anche disegnato la pecora che salta sopra il microfono del logo del podcast *The Insomnia Project* (*Il Progetto Insonnia*). Non ho potuto ringraziarlo abbastanza. Sono stato fortunato ad avere un caro amico che voleva che avessi successo e si è preso il suo tempo e la sua abilità per aiutarmi.

Cosa fai se non hai la fortuna di avere un Matt Campagna nella tua vita?

Ho pensato che sarebbe stato utile per me elencare i passi che ho fatto per gli elementi di design dei miei altri pod- cast. Per quanto riguarda il design del logo, utilizzo un servizio online come *Fiverr*. Su questo sito, si paga qual- siasi cosa il vostro budget lo consenta e qualsiasi sia il prezzo dei servizi del venditore. Troverete persone che hanno la possibilità di progettare il logo di un podcast o di registrare la musica o di modificare il podcast stesso. Qualunque siano le vostre esigenze su tali servizi, vi con- segneranno il lavoro. Non sto assolutamente dicendo che dovreste usare Fiverr. Sono sicuro che si possono addurre argomentazioni per non utilizzare questo servizio. L'ho trovato molto utile per il mio logo design, la musica e l'assistenza sui social media. Ho anche assunto persone su Fiverr che non hanno consegnato ciò che volevo o non lo hanno fatto in tempo. Può essere più che altro un servizio di merda, ma se si è attenti al budget, è un ottimo punto di partenza.

Fate la vostra due diligence anche qui. Assicuratevi di avere il giusto permesso di usare la musica del vostro podcast. Non potete usare musica protetta da copyright o qualcosa di un artista di un'etichetta senza il permesso. Lo stesso vale per un logo: non potete semplicemente prendere un'immagine, uno schizzo, una foto, un dipinto o la copertina di un album e usarlo come logo personale. È necessario avere il permesso per farlo. Coprite le vostre basi e, per l'ultima volta, fate la dovuta diligenza.

Dirò che, se decidete di utilizzare una qualsiasi piattaforma online, fate sapere al designer, al musicista o all'artista come utilizzerete il loro lavoro in modo che tutto sia concordato in anticipo. Alcuni venditori potrebbero voler essere compensati per la distribuzione pubblica delle loro opere. Ho fatto in modo che tutti i creatori che hanno lavorato per me sapessero bene per cosa sarebbe stata usata quell'opera e poi mi sono assicurato di avere la loro benedizione.

C'era un disegno speciale che avevo in mente per il logo di **Eat & Drink** (*Mangiare e Bere*). Volevo usare un designer locale con il quale sapevo di poter avere una conversazione più sfumata riguardo alle mie esigenze. Non sapevo dove guardare. Così ho contattato i miei amici su Facebook e ho chiesto loro se conoscevano qualche designer locale che mi avrebbero consigliato. C'è stata un'ondata di raccomandazioni. Ancora una volta, ho fatto il mio dovere. Sono andato sui loro siti web, ho dato un'occhiata al loro lavoro e ho trovato un designer che aveva la sensibilità per il design.

Abilità che stavo cercando. L'ho contattato. Innanzitutto, ho detto che mi serviva un logo per il podcast e quale fosse il mio budget. Questo designer ha detto che avrebbero potuto fare quello che volevo se fossi stato flessibile con i tempi di consegna. Ero... e ho ottenuto il design perfetto.

Per quanto riguarda la musica, c'è molto là fuori che è esente da diritti d'autore e royalty-free e alcuni che sono molto economici. Se non lo sai già, **non puoi** usare qualsiasi musica tu voglia. Si potrebbe essere schiaffeggiato con una causa legale da parte degli avvocati di Lady Gaga se si tenta di utilizzare la sua musica come musica di apertura (credetemi, lo so perché volevo usare "Crazy Train" di Ozzy Osbourne per il mio *The Insomnia Project*). Dovresti cercare la musica che puoi usare.

Di recente ho chiesto al mio gruppo di supporto per i podcast informazioni sulle immagini libere da copyright che posso usare per promuovere il mio podcast sui social media, e ho ricevuto più di venti raccomandazioni diverse; si è rivelato molto utile. Ho trovato un sito che ti permette di usare le loro foto e ti chiede solo di dare credito al fotografo e al sito.

Spesso inizio a mettere un post sulla mia pagina Facebook, in cui chiedo ai miei amici se hanno una raccomandazione per un designer o un musicista o un evento o un ospite. Rimarrete sorpresi dal grande feedback che si può ottenere da persone che non sono podcaster; a volte, i migliori campanelli e fischietti sono nascosti in alcuni dei posti più inaspettati.

15

Maniglie sociali

Qualunque cosa facciate, fate in modo che i vostri social media si occupino in anticipo. L'ho imparato nel modo più duro. Prendeteli prima di registrare il vostro primo episodio. Può sembrare molto semplice e molto logico, ma spesso viene trascurato. Nel mio caso, io l'ho trascurato DUE volte!

Hai avuto questa grande idea per un podcast, e sai che il nome è assolutamente geniale. Diciamo che vuoi avviare un podcast chiamato *"**The Orange**"* (L'Arancia), in cui si parla di frutti di bosco. Sì, un podcast settimanale tutto sugli agrumi, dalle arance ai limoni a tutti gli agrumi in mezzo.

Sapete che, nel mondo di oggi, dovrete far conoscere il vostro podcast ai vostri fan e seguaci su Twitter, Instagram, Facebook, il sito web del vostro podcast e qualsiasi altra piattaforma di social media che deve ancora venire o esistere (o che devo ancora scoprire).

Il problema è che qualcuno in Sud Dakota ha l'account Instagram @theorange- e sembra fantastico. L'account Twitter @theorange è disponibile; sfortunatamente, qualcuno a Stoccarda, in Germania, ha un account Facebook chiamato "The Orange".

Allora, cosa fai?:

a) dimenticate l'account Facebook e Instagram e ottenete solo l'account twitter che corrisponde al nome del vostro podcast? oppure,

b) ci riprovi?

La risposta è ... b) riprovare.

Dato che non costa nulla ottenere l'account twitter che corrisponde al nome del tuo podcast, ti dico di ottenerlo in modo che diventi tuo. Tuttavia, non è necessariamente necessario utilizzarlo per il tuo podcast. So cosa stai dicendo: "Cosa? Non ha senso".

Seguitemi.

Così il mio podcast, **The Insomnia Project** (*Il Progetto Insonnia*), ha la sua pagina Facebook chiamata The Insomnia Project. Ha un account Instagram chiamato "The Insomnia Project". Tuttavia, l'account Twitter, "The Insomnia Project", appartiene a qualcun altro. Ho deciso di usare @listenandsleep come account Twitter, perché è una linea di tag che uso spesso sul podcast, e ho pensato che i miei ascoltatori si sarebbero collegati con esso. Il problema sorge quando menziono i nostri così cial media handle nello show. Dico qualcosa del tipo "seguici su Facebook e Instagram @theinsomniaproject e su Twitter @listenandsleep". La situazione si fa confusa per i miei ascoltatori. È troppo lavoro aspettarsi che il tuo pubblico ricordi tutte le diverse maniglie che il tuo podcast ha. Potresti aver sentito nei tuoi podcast preferiti frasi come: "seguici @thecitrus per tutti i social media". Semplice, chiaro ed efficace: un nome per tutti i social media.

Il nostro obiettivo era quello di ottenere tutti gli stessi

social media per il nostro podcast *Eat & Drink* (*Mangiare e Bere*). Tuttavia, non siamo riusciti a ottenere @eatand-drink, né @drinkandeat, né @eatdrink, né @eatdrink, e nemmeno @eatdrinkpodcast. Ci sono voluti circa due giorni prima di trovare @podcasteatdrink e ci siamo accordati su questo. E questo ha reso la mia vita come produttore e direttore dei social media per quel podcast molto, molto più facile.

I tuoi seguaci sapranno che il tuo manico è leggermente diverso. Questo va bene, ma rendilo più facile per loro e per te stesso, e trova un nome che sia lo stesso per tutte le piattaforme di social media e lavori per il tuo podcast. Nel caso di *The Orange Podcast* (*Il Podcast Arancia*), diciamo che hanno scelto @thecitrus per tutti i loro social media.

Dirò anche che ho paura di pubblicare sui social media per i miei podcast. Non sono bravo a farlo. Richiede troppo tempo. Voglio che sparisca. È l'ennesimo kraken affamato di post, tweet, foto e clip e di ogni tipo di contenuto per tenere lontani da me i suoi tentacoli.

Questo kraken è una costante. È un kraken affamato e insaziabile che cerco sempre di nutrire. Devi trovare un modo per fare amicizia con questo kraken. Alcuni di noi trovano l'uso dei social media facile e divertente, ma, se siete come me, lo trovo estenuante ed estenuante.

Vorrei avere la formula esatta per voi su come usare i social media per aumentare gli ascoltatori e farli interagire con i vostri podcast. La verità è che non lo so. Ho avuto delle grandi interazioni e dei grandi feedback, e ho dei seguaci. Quindi, a quanto pare, sto facendo qualcosa di giusto, ma chissà cos'è, a parte interagire con i miei seguaci.

Lasciate che vi dica cosa funziona per me. Mi concentro sul mezzo che mi piace di più e che assorbe la maggior parte della mia energia. In questo momento, è Instagram. Questo non significa che io ignori Face-book, Twitter o altre piattaforme. Mi concentro solo su ciò che mi piace di più e cerco di trasferire il mio podcast attraverso questo mezzo. Se mi piace nutrire il mio kraken su quella piattaforma, allora almeno viene alimentato. Quello che mi succede è che, postando lì, mi sento meno come se mi sentissi bloccato o preoccupato di non fare abbastanza per il podcast. Così facendo, tendo a pubblicare di più anche sulle altre piattaforme.

La coerenza è fondamentale nel podcasting, e questo vale sia per gli episodi pubblicati che per i social media. Se avete un co-ospite, trovate un programma che funzioni per entrambi in termini di pubblicazione sui social media. Non è certamente saggio ignorarlo. È anche inutile sentirsi congelati perché non si può postare ogni giorno per nutrire quel kraken goloso. Date da mangiare a quel mostro quando potete e sappiate che il kraken sarà sempre affamato e che farete del vostro meglio per mantenerlo sazio. Come dice Mia, mia nipote di otto anni, Mia, tutto quello che puoi fare è il tuo meglio.

16
Vota, esamina e abbonati

"Vota, recensisci e abbonati" è stata una frase d'effetto per un po' di tempo sui podcast. Si sente ancora oggi parlare di questa frase, anche se sembra che sia diventata un po' passé. Questo può sembrare ovvio - vuoi che la gente valuti il tuo podcast su directory come Apple Podcasts, Stitch- er, e ovunque ci sia un sistema di valutazione per i podcast. Questo è il motivo per cui molti podcastisti chiedono agli ascoltatori dei loro podcast di fare proprio questo.

Tuttavia, questo ha anche contribuito alla fatica RSS - e non sto parlando del vostro feed RSS, che ancora una volta sta per "Really Simple Syndication" (Semplice Contrattazione Sindacale). L'RSS è la con- tenda internet che crei, come l'episodio del tuo podcast che è stato trasformato in un semplice feed per i podcaster, che poi viene inviato a directory come Apple Podcasts per essere distribuito al mondo intero. Per quelli di voi che, come me, trovano questo concetto di feed RSS difficile da capire, lasciate che ve lo spieghi in un modo per me sensato. Le directory come Apple Podcasts, Stitcher e Spotify non vogliono occuparsi di mettere il vostro episodio podcast sui loro siti. Per qualsiasi ragione, vogliono che tu abbia quell'episodio da qualche altra parte, una piattaforma come il tuo sito web, o una piattaforma di podcast gratuito come Anchor, o una a pagamento come Blubrry, o Acast (che è una di quelle che uso io). Quindi come fa quell'episodio a passare dalla tua piattaforma ad Apple Podcasts o ad altre directory? Da questa cosa che chiamiamo feed RSS. Immaginatelo come un treno proiettile, ma, invece di essere un treno proiettile ad alta velocità fatto di metallo, ruote, e una porta fresca che si apre come una navicella spaziale, è composto da una serie di numeri e lettere come questa:

https://feeds.yourplatform.com/public/shows/5b-d7404003f341580mrtmp151

Questo feed RSS è l'episodio del vostro podcast, sapiente-mente camuffato da una serie di lettere e numeri. Una volta che il tuo episodio viene creato e caricato sulla tua piattaforma, viene creato un feed RSS e poi questo feed, come un treno proiettile, corre verso le directory come Apple Podcasts, dove si parcheggia nelle loro stazioni ad alta velocità del treno proiettile e appare al pubblico per l'ascolto. Quando i tuoi ascoltatori si abbonano, in prat-ica si abbonano per ricevere il feed RSS utilizzando un'ap-plicazione per il lettore di podcast (probabilmente sul loro telefono), in modo da poter ascoltare il tuo ultimo episodio non appena è disponibile (o non appena il treno proiettile dell'episodio lascia la tua stazione alla stazione dell'elenco dei podcast).

La stanchezza da RSS di cui parlo si verifica quando l'as-coltatore è afflitto da così tante re-questioni per il pub-blico di Rate, Review, and Subscribe (RSS) che si stanca di questo e lo blocca come rumore bianco. Questo è il mot-ivo per cui penso che sia prudente iniziare con la propria comunità e con gli amici, e chiedere loro di votare, recen-sire e richiedere il podcast. Siate specifici: dite loro che volete cinque stelle. Non è facile convincere gli ascoltatori a votare, recensire e iscriversi all'inizio. Questo potrebbe significare che dovete contattare la vostra famiglia e i vostri amici e chiedere loro di farlo. Se può essere d'aiuto, dite loro che non devono ascoltare, non devono sentirsi obbligati ad abbonarsi, ma, se possono votare e scrivere alcune semplici cose positive sul podcast, sarebbe di grande aiuto. Se un terzo delle persone che contattate valuta, recensisce o si abbona, sarete già in un buon posto per il vostro nuovo podcast.

Non l'ho fatto e vorrei averlo fatto. I nuovi podcast su Apple Podcasts beneficiano di valutazioni, recensioni e abbonati, poiché aiutano a classificare il podcast in una posizione più alta nel suo campo. Ad esempio, se il tuo podcast è un podcast aziendale, più voti e recensioni e abbonati ottieni, più sei in alto nella categoria dei podcast aziendali. Per i nuovi podcast, vorrai entrare nell'elenco *dei nuovi e degni di nota (New and Noteworthy)* di Apple Podcasts. Il modo in cui lo fai è un po' segreto. La maggior parte della gente sembra credere che si tratti di una combinazione di valutazioni elevate, ottime recensioni, abbonati e download. Sono certo che ci sia qualcosa di più, e sono certo di semplificarlo eccessivamente. Detto questo, non può che aiutare il vostro show ad ottenere quel re-spugna iniziale e su New and Noteworthy (*dei nuovi e degni di nota*). Se significa chiedere un favore, non ci vedo niente di male e molti podcaster lo fanno. È un segreto ben custodito. Fino ad ora!

Vorrei averlo fatto con i miei podcast. La mia apprensione è dovuta al fatto di non voler inviare un'e-mail ai miei amici quando ho iniziato, perché ero nervoso che il mio podcast non meritasse questo tipo di richiesta. Ora so quanto lavoro ci vuole per fare un podcast, e penso che, solo per il puro sforzo, tutti noi meritiamo cinque stelle da amici e familiari. Odio i sistemi di valutazione degli sforzi creativi, perché è così soggettivo. Non mi importa delle opinioni, perché queste offrono opinioni, ma un sistema di valutazione a stelle per tali contenuti è, francamente, un ciuffolotto. E non uso il ciuffolotto con leggerezza - anche se è un uccello molto bello, tra tutti gli uccelli passeriformi della famiglia dei fringuelli.

Se non siete d'accordo nel chiedere recensioni e valutazioni a familiari e amici senza averli ascoltati, chiedete ai vostri amici e familiari di ascoltare un episodio e se, a loro piace, e si sentono così obbligati, dite loro come apprezzereste e trarreste beneficio dal fatto che vi diano una grande recensione e valutazione. Sarete sorpresi di quante persone ascolteranno e valuteranno e recensiranno il podcast.

Faccio anche l'abitudine di inviare ai miei ospiti un'e-mail per ringraziarli. Segue un'e-mail in cui dico: "se vi è piaciuta la vostra esperienza sul podcast e vi sentite così inclini, mi piacerebbe che valutaste e recensiste lo show". Quasi tutti lo hanno fatto, e sono molto grato a tutti loro.

Alla fine della giornata, se non ricevete valutazioni, recensioni e download da familiari e amici, non preoccupatevi. Non perseguitateli. Chiedete una volta sola e sperate per il meglio. Alla fine otterrete recensioni e valutazioni - siate grati ogni volta che ne riceverete una grande. Lo sono certamente.

Mi ci è voluto anche molto tempo per capire che su Apple Podcasts vedrete solo le recensioni e le valutazioni del paese che riflette le vostre impostazioni di Apple Podcasts.

Se volete vedere le recensioni di altre nazioni, dovrete cambiare la bandiera in fondo alla schermata di Apple Podcasts. Quando sei sul tuo podcast in Apple. Podcasts, scorri verso il basso, clicca sulla bandiera rotonda del Paese e cambiala con un'altra bandiera per vedere le recensioni di altre località.

Ci sono alcuni siti che vi invieranno le vostre recensioni. La maggior parte di questi sono siti a pagamento. Preferisco il check-in una volta ogni tanto per vedere cosa dicono le persone da luoghi dove so di avere ascoltatori, perché preferisco non pagare per quel servizio.

Come faccio a sapere dove ho degli ascoltatori? Analisi, naturalmente...

17

Analisi:
Lasciateli parlare con voi

Cosa sono le analisi? Nel podcasting, l'analitica è un'analisi dei dati e delle informazioni che riguardano il vostro podcast, in altre parole, l'importanza di come il vostro podcast si sta comportando, chi sta ascoltando, da dove sta ascoltando, a che ora del giorno ascolta il vostro podcast, e su quale dispositivo sta ascoltando, oltre a qualsiasi altra informazione che può essere accertata riguardo al vostro podcast e la sua connessione con il vostro pubblico. Wow, un boccone, vero?

Come si approccia a queste analisi? Queste informazioni vi diranno cosa dovreste cercare in queste statistiche e vi diranno come dovreste raggiungere i vostri obiettivi usando l'analitica. Tutto questo è fantastico se è la vostra passione. Quello che non dovrebbe essere è un deterrente per fare un podcast. Non dovrebbe essere una scusa per evitare di guardare le vostre analisi perché sembra troppo scoraggiante. Non dovrebbe essere una scusa per non guardarli perché non sai come interpretarli. Per alcune persone, l'analitica può essere intensa e confusa. Se la matematica non fa per te, come non fa per me, può impedirti di guardare l'analitica, perché è un'informazione statistica. Per ora, allontaniamoci da tutto questo rumore.

Mi piace la mia analitica, anche se non sono un maestro nel farla funzionare per me. Tuttavia, lascio che siano loro a parlare con me.

Guardateli. Ascolta quello che ti dicono.

La vostra piattaforma avrà un'area che potrebbe essere chiamata "Podcast Performance", "Insights", o semplicemente "Analytics"; qualunque sia il loro nome (qui ci riferiremo a loro come analytics), date una buona occhiata alla vostra analytics e vedete quale aspetto vi piace. Cosa trovate interessante? Forse non è niente; forse è solo una piccola cosa.

Per quanto mi riguarda, mi piace sapere dove nel mondo la gente ascolta e in quale città, paese o frazione potrebbe scaricare i miei podcast.

E questo come mi parla? Beh, amo viaggiare e amo visitare luoghi diversi. Se c'è un posto interessante di cui non ho mai sentito parlare, lo trovo così coinvolgente.

Ok, quindi hai un amore per i viaggi e i luoghi, ma questo come aiuta il tuo podcast?

Uso queste informazioni su dove la gente ascolta il mio podcast per parlare di quelle città. Fin dall'inizio, abbiamo avuto molti ascoltatori da Ann Arbour, Michigan. Ci sono stato anni fa - ci sono passato in macchina, davvero - ma ricordo che mi piaceva. Così,

A volte saluto i miei ascoltatori di Ann Arbour, oppure cerco cose interessanti su Ann Arbour (o dovunque sia, ho degli ascoltatori), e ne parlo. Questo mi ha anche portato a creare dei grandi contenuti per il mio show.

È così che lascio che i miei analisti mi parlino. Ci potrebbero essere modi migliori per me di usare i miei analitici? Sicuramente sì. Per ora, questo è il modo in cui li uso. Più le guardo, meno diventano scoraggianti e più mi addentro in esse. Più approfondisco, più modi ho trovato per usarle.

L'altro punto che voglio sottolineare è che, in primo luogo, dovete sapere quali analisi sono importanti per voi e, in secondo luogo, dovete assicurarvi che, quando fate la vostra due diligence e determinate quali piattaforme si adattano meglio alle vostre esigenze, le analisi che volete siano incluse nella piattaforma di hosting che scegliete.

Un'analisi che vi suggerirei di fare in modo di essere sicuri di sapere è il numero di persone che sono in dieci. Considerate anche quanti ascolti a settimana riceve il vostro podcast. Perché? Il numero di ascoltatori può determinare la monetizzazione del tuo podcast. Più ascolti hai su base settimanale, più è probabile che gli inserzionisti vogliano darti dei soldi per avere il loro prodotto menzionato sul tuo podcast.

Come funziona la monetizzazione? C'è una formula per questo, e ogni piattaforma monetizza in modo leggermente diverso. Tutte hanno a che fare con il CPM (costo per mille). In sostanza, è il costo per mille persone che ascoltano il tuo podcast. Se un inserzionista vuole mettere un annuncio sul tuo podcast, allora sta pagando per ogni mille ascolti. Supponiamo che tu abbia un annuncio sponsorizzato su uno degli episodi del tuo podcast. Questo episodio ottiene 5000 ascolti; il tuo CPM per la pubblicità sul tuo podcast in questo caso è di $ 20. Noi calcoliamo $20 per 1000 ascolti; dato che hai 5000 ascolti per questo episodio, il tuo guadagno totale sarebbe di $100. Ora, a seconda del taglio che la vostra piattaforma ottiene, si può vedere solo una parte di quel CPM. Per favore non avere l'impressione che sia facile, o che monetizzerai subito il tuo podcast. È difficile e richiede molto lavoro: potrebbe non accadere mai. Indipendentemente dalla formula, anche se si ottengono 1000 ascolti per episodio, conoscere il numero di persone che ascoltano il tuo podcast è, come minimo, un fatto divertente e, al massimo, un modo per monetizzare il tuo podcast.

Cosa cerca un inserzionista? Un podcast con una forte e fedele base di fan. Cosa glielo dirà? Avete indovinato: l'analisi.

18

Presentati in degli Show

Vorrei aver ascoltato presto questo consiglio; per qualche motivo, ho pensato che non fosse applicabile a me. Presentarsi agli spettacoli significa essere ospite nei podcast di altre persone. Può sembrare più facile a dirsi che a farsi. E se non conoscete nessun podcaster? E se vivete in un luogo rurale? E se sei nervoso all'idea di partecipare a un altro podcast?

Sì, sono tutti motivi validi per non farlo.

Detto questo, ecco perché è davvero importante farlo. Quando sono apparso nel mio primo podcast, ero nervoso. Questo podcast non aveva niente a che fare con il sonno, l'insonnia, l'ansia o il mio podcast. Sono stato quasi costretto dal produttore di quel podcast (che si dà il caso sia anche mia moglie, Amanda). Mi ha detto che sarebbe stata una buona esposizione e una buona pratica, e i padroni di casa sono stati meravigliosi. Così sono apparso su **The Humble e Fred Podcast** (*Il Podcast di Humber e Fred*), che è ospitato da due giganti della radio e del podcasting canadese, Howard Glassman e Fred Patterson. Sono divertenti, arguti, intelligenti e, soprattutto, generosi e gentili. Sono entrato trascinando i tacchi. Mi sono divertito molto ed ecco cosa è successo:

1. Ho imparato cosa si prova ad essere un ospite. Ho visto di persona come gestiscono gli ospiti e come li fanno sentire a proprio agio. Ho anche capito cosa mi faceva sentire ansioso in uno spazio di studio e davanti a un microfono con cui non avevo familiarità. Ora uso questa esperienza per far sentire a proprio agio i miei ospiti.

2. Le persone che ascoltano quel podcast hanno iniziato ad ascoltare il mio. Ho ascoltatori che raccontano ad "Humble" Howard Glassman e Fred Patterson, i conduttori del *The Humble and Fred Show* (*Il Podcast di Humber e Fred*), quanto il mio podcast li aiuti e quanto siano grati ad Humble Howard e Fred per avermi ospitato. Sono anche molto grato.

3. Si sono divertiti ad avermi ospite. A questi giganti della radio e del podcasting è piaciuto avermi come ospite. Quando ho iniziato i miei altri podcast, sono stati felici di invitare tutti i miei co-ospitatori come ospiti. Ancora una volta, abbiamo fatto controllare il nostro podcast ad alcuni dei loro ascoltatori e abbiamo visto un picco nella nostra analisi.

4. È estremamente prezioso vedere come gli altri podcaster producono e registrano i loro podcast. Potreste raccogliere alcuni suggerimenti e trucchi. Certo, e tu hai letto qualcosa a riguardo!

Potreste pensare: è fantastico, ma se non conoscete nessun podcaster? O forse non sei sposato con un produttore di podcast? Come ho detto in un capitolo precedente, chiedi al tuo gruppo di supporto per i podcast. Mettetelo in giro: "Ehi, qualcuno ha bisogno di un ospite nel suo podcast?" Sarete sorpresi di sapere quanti podcaster hanno bisogno di ospiti. Solo

allungare la mano e vedere cosa succede. Chiedi ai tuoi amici podcaster se puoi essere ospite del loro podcast.

Ok, questo potrebbe funzionare per alcuni podcaster, ma cosa succede se si vive in una città rurale che è più di diverse ore di distanza da qualsiasi altro podcaster. Ecco un ottimo modo per aggirare il problema: chiedi a questi podcaster se puoi essere ospite al telefono. In effetti, ci sono così tanti strumenti che permettono agli ospiti di contribuire a distanza che i miei amici podcasting al **We Like Theme Parks Podcast** (*Ci Piacciono i Parchi a Tema*) hanno un corrispondente a distanza che contribuisce dalla costa occidentale al loro podcast sulla costa orientale. Qualsiasi podcast che abbia una rappresentazione da molti luoghi è tanto più ricco.

Beh, va bene così, ma che mi dici dei nervi? Lo capisco perfettamente. Ero nervoso all'idea di fare quel podcast iniziale ma, come un buon cucchiaio di medicina, mi ha fatto bene e alla fine mi ha reso un podcaster migliore. Puoi sempre far sapere al podcaster che sei nervoso; chissà, potrebbero dire che sono tanto nervosi da averti come ospite! Potrebbero semplicemente metterti a tuo agio. Potrebbero aiutarti a capire come trattare un ospite; sapere come ci si sente quando si è ospiti di un podcast può aiutare a mettere a proprio agio la mente degli altri quando si chiede loro di... essere tuoi ospiti.

19

Essere mio ospite

Quindi, se avete intenzione di essere ospiti nei podcast di altre persone, è una buona idea avere ospiti sul vostro.

Molti dei miei ospiti mi dicono di essere nervosi prima di registrare. So che non c'è niente di cui essere nervosi, ma so anche che una volta ero nei loro panni, e quindi faccio quello che posso per farli sentire a loro agio.

Voglio anche essere attento al loro tempo. Potresti aver registrato un'intera stagione del tuo podcast e sentirti molto a tuo agio, ma forse è la prima volta che il tuo ospite fa un podcast. Spesso i miei ospiti si chiederanno: "Cosa devo preparare? La mia risposta di solito è: "non una cosa, voglio solo che tu sia te stesso". Per alcuni dei miei ospiti questo non è sufficiente. Vogliono avere un'idea di ciò che li aspetta.

Ho capito che non ci vuole molto per farli sentire a proprio agio. Se avete un ospite che si sente a suo agio durante il vostro podcast, lo sentirete. Se si sente a proprio agio, suonerà meno. Quindi, come si fa a farli sentire a proprio agio?

Ho uno schema che uso quando corrispondo con un ospite. Il tuo schema rifletterà il tuo show in modo specifico. Lo uso per il mio podcast **Every Place is The Same** (*Ogni Luogo è Lo Stesso*) in particolare, dato che ogni settimana abbiamo un nuovo ospite. Il mio schema fa più o meno così:

Grazie per essere un ospite! Voglio che vi sentiate totalmente a vostro agio. Il nostro show è lungo ventisei minuti, il che di solito significa che il nostro tempo di registrazione è di trenta minuti (con chit chat e set up). Il vostro tempo totale sarà tra i quarantacinque e i sessanta minuti al massimo. Non c'è bisogno di preparare nulla; avremo una semplice conversazione. Se c'è un argomento di cui vuoi parlare, fammelo sapere e vedremo se funzionerà per il nostro podcast.

Poi, quando arrivano in studio, di solito registro un controllo del suono per verificare i miei livelli con loro. È a questo punto che faccio una serie di domande (non essenziali) per metterli a loro agio a parlare davanti al microfono: "Come sei arrivato qui oggi? "Cos'hai fatto ieri sera? Com'è il tempo là fuori? Li informo anche che, se c'è qualcosa di cui finiamo di parlare che non vogliono finire nell'episodio, posso certamente modificare questo tipo di pre-conversazione perché funziona con il mio podcast. Poiché il mio podcast è una semplice conversazione, mi serve per lasciarlo fluire e modificare le cose dopo. Detto questo, il tuo podcast potrebbe non comportare una conversazione casuale, e non puoi modificare l'audio registrato; in tal caso, puoi certamente scegliere di non dire al tuo ospite che modificherai le cose che potrebbero non piacergli e che userai tutto l'audio che scegli.

Poi registriamo.

Ora, una cosa che ho imparato nella mia vita di podcasting è di fare domande aperte. In realtà odio questo termine, "domanda a risposta aperta". Fare una domanda a risposta aperta significa essenzialmente evitare le domande che hanno una risposta "sì" o "no", in modo che la conversazione con l'ospite non sia traballante. Preferisco chiamarla una domanda di conversazione, piuttosto che una domanda a risposta aperta, qualcosa che faccia parlare il vostro ospite. Non ero bravo a fare domande colloquiali quando ho iniziato. Per diventare più abile in questo, ho scritto il bigingillo di una serie di domande colloquiali su un gobbo (che ho tenuto con me mentre registravo), a cui potevo fare riferimento in qualsiasi momento. Sul gobbo c'era scritto quanto segue:

1. Descrivere...
2. Parliamo di...
3. Come hai fatto a...
4. Dimmi il tuo preferito....

5.   Dimmi l'ora....

6.   Raccontami la storia di come...

Riempirei il resto della domanda con qualsiasi cosa sia applicabile a quell'ospite. Ho ancora questo gobbo con me quando registro. Non lo guardo più molto, ma è lì nel caso in cui rimanessi bloccato, e serve come promemoria generale per avere una conversazione e quindi per fare domande di conversazione.

Potresti trovare la domanda iniziale perfetta per te e potrebbe riguardare il tuo argomento. Se il tuo podcast riguarda le piante, potresti iniziare una conversazione come questa:

Tu: *Parliamo di piante.*
Ospite: *Ok.*
Tu: *Parlami della tua pianta preferita.*
Ospite: *Amo le azalee...*
Tu: *Sì, sono fiori superbi. Potresti descrivermi il tuo giardino perfetto?*
Ospite: *Oh, avrebbe un traliccio e uno gnomo da giardino e uno stagno pieno di koi....*

In generale, i vostri ospiti - se stessi, o un soggetto per cui hanno una passione, o che raccontano una storia personale.

E sì, faccio ancora domande "sì e no", ma ho anche queste domande di conversazione nella mia tasca anteriore su un gobbo per ogni volta che ho bisogno che l'ospite parli di più o si impegni di più nella conversazione.

A volte, inizierò anche a rispondere a una domanda a risposta aperta per dare al mio ospite un momento per pensare a come risponderà. Ecco un esempio:

"Lasciate che vi parli del mio giardino perfetto e poi vi chiederò del vostro. Vorrei che "non ci fossero segni di sconfinamento" ovunque, con un set da bistrot dove poter allestire un'area di registrazione per registrare podcast tra le creature che vivono in quel giardino, sai, api, scoiattoli, volpi, yeti. Allora, com'è il tuo giardino ideale?

20

Delinea la struttura
del tuo podcast

Ecco un suggerimento che si è rivelato piuttosto importantante per il mio podcast *Eat & Drink* (*Mangiare e Bere*). Ho co-ospitato questo podcast con il multi-talentuoso Ali Hassan, un esperto podcaster a sé stante e un esperto chef. Quando abbiamo iniziato e abbiamo avuto il nostro concetto, sapevamo cosa volevamo realizzare con il nostro podcast; strutturare il podcast ha aiutato a ottenere un formato per il nostro show che funziona.

Come abbiamo strutturato il nostro concetto in un podcast? Abbiamo iniziato con il tempo. Sapevamo che volevamo che il nostro podcast avesse una durata di circa quarantacinque minuti. Così ci siamo seduti e abbiamo creato un modello e una struttura temporale dello show.

I primi quindici minuti dello show avrebbero riguardato **il cocktail**. Descriverei, farei e racconterei la storia di un cocktail, che poi entrambi berremmo mentre siamo in onda. Anche se questi erano i primi quindici minuti, sapevamo di aver bisogno di due minuti di pausa per dire i nostri saluti e per menzionare tutto ciò che il pubblico doveva sentire all'inizio dell'episodio. Per esempio, avevamo un tema specifico incentrato su un particolare frutto, o la celebrazione di una festa, come San Valentino? Vorremmo che il pubblico lo sapesse non appena l'episodio è iniziato. Questo significava che il nostro segmento di cocktail sarebbe stato di tredici minuti.

Poi abbiamo stabilito che sarebbero stati necessari dai venti ai venticinque minuti per la portata principale. A quel punto Ali avrebbe parlato di un alimento che aveva preparato e che noi avremmo anche assaggiato e commentato. Avevamo calcolato che la ricetta del cibo avrebbe comportato più ingredienti, e quindi avrebbe richiesto più tempo della ricetta del cocktail medio.

Questo ci lasciava da cinque a dieci minuti da riempire se volevamo fare il nostro podcast i quarantacinque minuti che avevamo deciso. Eravamo entrambi d'accordo che volevamo che l'ultimo segmento si inclinasse verso la commedia. Volevamo finire con qualcosa che potesse essere sciocco, o oltraggioso, o uno sproloquio comico. Solo che non sapevamo cosa potesse essere. Poi Ali ha avuto un'idea, un segmento chiamato "Cosa c'è in bocca a Marco". Si tratta di un segmento in cui Ali mi dà da mangiare una cosa mentre sono bendata, e devo indovinare di cosa si tratta. Quando mi ha proposto l'idea, l'ho odiata. Ma mi sono fidata di Ali e del suo istinto comico. Così abbiamo fatto il nostro tester (ricordate il capitolo 12 sui tester?), usando questa struttura e questa formula. Per i primi quindici episodi, avevamo letteralmente la formula attaccata al muro, in modo da poter guardare l'ora e terminare ogni segmento al suo momento predeterminato. Ha funzionato.

La Nostra Struttura:

Seg 1 - "Cocktail" - quindici minuti
Seg 2 - "Corso principale" - venti minuti

Seg 3 - "Cosa c'è in bocca a Marco" - dieci minuti
Totale: quarantacinque minuti.

Il nostro ultimo segmento mi mette ancora a disagio, ma il nostro pubblico lo adora. Fa esattamente quello che volevamo nel segmento di chiusura e la struttura funziona, quindi non facciamo casini.

Se sentite il bisogno di rompere la vostra struttura come abbiamo fatto noi, questo è solo un esame di come ha funzionato per il nostro podcast. La vostra struttura può essere più complessa o semplice. Inoltre, la vostra struttura può cambiare. Potete infrangere le vostre stesse regole perché, dopo tutto, è il vostro podcast. Un segmento potrebbe esaurirsi dopo, diciamo, il decimo episodio. Puoi sempre modificare la tua struttura.

Credo che tu abbia capito. La struttura non deve essere per forza... così strutturata.

21

Rapporto

Rapporto.

Questa è una di quelle cose impercettibili, intangibili, che, quando accade, è veramente magica. Il rapporto può essere tra voi e il vostro co-conduttore, tra voi e il vostro ospite, e anche tra voi e il vostro pubblico. Allora, come si realizza il rapporto?

Prima di tutto, penso che sia importante se avete intenzione di co-ospitare un podcast per avere una conversazione con il vostro co-ospite e decidere chi avrà quali responsabilità. Chi si occuperà dei social media? Chi si occuperà della redazione? Chi inviterà e programmerà gli ospiti? Chi farà la ricerca? Questo lavoro sarà condiviso? Queste sono tutte cose importanti da mettere in chiaro prima di iniziare a registrare. Contribuirà ad allentare ogni possibile tensione tra voi e il vostro co-ospite. La tensione e il risentimento non costruiscono il rapporto.

Un tester può aiutarvi a determinare se c'è un rapporto, o se sarà necessario più lavoro per costruire quel rapporto. Ascoltando i vostri episodi registrati farete molto per aiutarvi a capire cosa sembra una battuta e un rapporto, e cosa sembra piatto, o rigido, o, in alcuni casi, come due persone che non si piacciono.

Qual è la risposta per costruire un rapporto? Penso che si

debba ridurre all'ascolto. Ho scoperto che nel momento in cui concentriamo la nostra attenzione sul nostro co-conduttore o sul nostro ospite, e ascoltiamo davvero quello che dicono, ci sblocchiamo all'istante e il rapporto inizia. Mettiamo da parte le note che abbiamo davanti a noi o la prossima domanda, e questo è il momento in cui iniziamo a costruire il rapporto.

Come suona interessante un ospite? La risposta è semplice: siate interessati. Siate davvero interessati a ciò che il vostro ospite o il vostro co-conduttore ha da dire. Fidatevi, fatelo abbastanza volte e sarete la persona più interessante della stanza. Si crea anche un ottimo ambiente per costruire un rapporto.

Naturalmente non si può solo ascoltare e non partecipare. Siate sicuri di ciò che portate al tavolo dei podcast e ascoltate e reagite a ciò che viene detto invece di forzare la vostra agenda; lasciatevi andare a vedere dove vi porta la conversazione.

Un altro buon modo per costruire un rapporto è quello di mantenere le cose fresche. Cercate di mantenere le cose il più spontanee possibile. Per esempio, su **Eat & Drink** (*Mangiare e Bere*), non ci diciamo mai cosa faremo, in modo da poter sentire la sorpresa nelle nostre voci quando viene rivelata. Su **Every Place is the Same** (*Ogni Luogo è Lo Stesso*), di solito non so su quali città Daniela si concentrerà finché non registriamo, e nemmeno gli ospiti. Questo permette di avere delle sorprese divertenti.

Se potete, provate ad avere un podcast che permetta la spontaneità. Quando i padroni di casa si divertono, può essere contagioso per gli ascoltatori. Se il vostro podcast ha un tono più serio, allora siate consapevoli, siate al momento, e non vi distraete dal vostro ospite: se il pubblico capisce che lo state prendendo sul serio, lo capirà anche lui. La mia formula? Essere interessati + ascoltare + domande colloquiali a portata di mano = RAPPORTO.

Come costruisci il rapporto con i tuoi ospiti? Come ho detto in un capitolo precedente, fate una piccola chiacchierata con loro quando impostate i livelli di registrazione per aiutarli a sentirsi a proprio agio. Ecco un trucco che uso e che funziona. Ho letto che alle persone piace sentire i loro nomi ad alta voce. Tendo a ripetere il nome del mio ospite il più spesso possibile. Potrei tranquillamente avere una conversazione senza dire il loro nome dopo averli presentati, dato che siamo gli unici due in studio. Non sto suggerendo di usare il loro nome ogni volta che faccio una domanda o mi riferisco a loro. Penso che se lo fai, ti sembrerà strano e avrà l'effetto opposto. Mi limito a inserire il loro nome nella conversazione e, se alla persona piace il suono del suo stesso nome, come suggerisce l'articolo - ottimo! È un piccolo trucco bonus. Forse, però, l'articolo è una cuccetta, e non importa se si dice il nome della persona. Allora l'altra ragione per farlo è per il tuo pubblico. Potrebbero dimenticare chi è il vostro ospite durante il corso della conversazione e, a volte, potrebbero aver bisogno di un po' di ripetizioni per suggellare l'accordo nelle loro orecchie e nelle loro menti.

Costruire un rapporto con il vostro pubblico è difficile. Mi piace coinvolgerli e chiedergli di mandarci un'e-mail e un tweet. Mi piace menzionare il mio pubblico (solo per nome) quando dice qualcosa di carino sul podcast. Credo nel riconoscere e riconoscere che nella conversazione non ci siete solo voi e il vostro co-conduttore o ospite. C'è un gruppo di persone (grandi o piccole) che si sintonizzano e sono il vostro pubblico. Daniela farà spesso questo divertente pezzo su **Every Place is the Same** (*Ogni Luogo è Lo Stesso*) con il quale farà in modo che l'ospite definisca un termine abbastanza riconoscibile per i nostri "ascoltatori internazionali". Riceviamo così tanta corrispondenza su quanto amano quando Daniela lo fa - e tutto è nato da qualcosa di cui si è detto sopra. Si sta divertendo e, grazie a questa gioia, sta costruendo un rapporto con il nostro pubblico.

A volte il rapporto si costruisce con il tuo pubblico, e tu non lo sai nemmeno. Può essere costruito dalla pura e semplice passione condivisa. L'ho scoperto quando il mio agente, Ron, un giorno mi ha chiamato e mi ha chiesto: "Marco, è vero che hai un podcast? Poi l'ha seguito con: "sembra che ti stiano chiedendo di fare l'oratore principale e vogliono che io faccia da intermediario". Ero al tappeto. Si è scoperto che una delle fan del mio podcast aveva ispirato la sua amica ad ascoltare. Amo le biblioteche e, di conseguenza, mi ritrovo spesso a parlare di biblioteche su **The Insomnia Project** (*Il Progetto Insonnia*). Anche l'amica di un'amica amava il podcast e decise che sarei stata un'ottima relatrice per una serata di gala per la raccolta fondi nella città di Waterloo, in Ontario. La raccolta fondi della Waterloo Public Library si chiamava After Hours (Fuori Orario) e volevano che parlassi di "Digital Literacy", cosa che ho fatto.

Una connessione mi è stata resa sconosciuta a causa di una passione che ho condiviso nel mio podcast. È stata certamente una delle più grandi emozioni che ho incontrato come podcaster.

22

Mini, Regolare o Magnum?

Per alcuni podcaster, è una sfida fare contenuti settimanali, soprattutto se il tuo obiettivo è quello di pubblicare in modo coerente. Tanto di cappello ai podcaster che producono contenuti quotidiani.

Abbiamo affrontato questa sfida con *Eat & Drink* (*Mangiare e Bere*). Vedete, cerchiamo di registrare diversi episodi **Regolari** di *Eat & Drink* (*Mangiare e Bere*) alla volta. I nostri programmi sono su tutta la mappa. Ali fa un sacco di tour, e io sono spesso fuori dal paese a fare concerti aziendali. Così, quando ci riuniamo per registrare, cerchiamo di massimizzare il tempo che passiamo in studio insieme. Un altro problema è sorto perché preparo un cocktail in cima allo show e beviamo e commentiamo. Quando registriamo tre spettacoli di fila, sono tre cocktail. Alla fine della registrazione venivamo schiacciati, e siccome spesso registriamo alle nove del mattino, veniamo schiacciati ben prima di mezzogiorno.

Per rendere fattibile un podcast settimanale, allunghiamo questi spettacoli regolari in cui beviamo e mangiamo durante lo show. La nostra soluzione è stata l'episodio **Mini**. I nostri mini episodi sono lunghi dai quindici ai venticinque minuti e ci fanno parlare del mondo del cibo e delle bevande, in cui non dobbiamo preoccuparci di preparare un cocktail o un piatto principale. Possiamo essere noi stessi e parlare di argomenti come "i bambini al ristorante" o "dare la mancia al server" o - il nostro argomento più controverso - "ananas sulla pizza". Questo ha reso più facile la nostra vita di registrazione e siamo stati più coerenti con le date di uscita dei nostri spettacoli. Così facciamo un episodio regolare una settimana, seguito dal nostro mini episodio la settimana successiva. Questo ci risparmia anche l'ingessatura ogni volta che registriamo!

Questo ci ha portato a realizzare gli episodi **Magnum**. Si tratta di magnum episodi lunghi un'ora in cui abbiamo un ospite o un esperto in studio, e parliamo a fondo con quell'ospite della loro competenza culinaria. Sono divertenti da fare, e ci permettono di mettere in evidenza le persone che fanno grandi cose nell'industria alimentare e delle bevande. Una settimana pubblichiamo una puntata regolare, seguita da una mini puntata la seguente e una puntata regolare la successiva. Ogni mese o giù di lì rilasciamo sporadicamente un magnum episodio, come qualcosa di divertente per i nostri ascoltatori.

Lo scopo di tutto questo - mini, magnum e regolare - è quello di ricordarvi che è perfettamente accettabile utilizzare un magnum o mini episodio per mantenere il vostro podcast coerente. Il vostro podcast può stabilire le proprie regole ed è questo che rende il podcasting così dinamico e interessante. Può anche rendere l'editing un compito più facile. Per noi, gli episodi **Mini** e gli episodi **Magnum** sono un gioco da ragazzi, perché hanno molti meno segmenti di un episodio regolare. Quindi ci dà un po' di respiro, per quanto riguarda le modifiche. Ci aiuta anche ad evitare di inseguire il kraken, perché possiamo registrare diversi mini episodi e tenerli pronti e mandarli in onda a seconda delle necessità.

23

Evitare di inseguire il Kraken

Che tipo di kraken ha bisogno di essere inseguito? La risposta è: un ketchup kraken.

Uso questo termine, "inseguire il kraken", per definire cosa succede quando si registra e si modifica l'episodio del podcast la settimana o il giorno in cui è prevista l'uscita di quell'episodio. Stai facendo del tuo meglio per recuperare il ritardo, o "ketchup", in modo che i tuoi episodi vadano in onda nelle date previste e non resti indietro.

Trovo che quando inseguo il kraken, mi sembra di fare un passo avanti e due passi indietro. Sono così disperatamente alla ricerca di un montaggio dell'episodio che non ho tempo di pensare all'episodio della settimana successiva che devo ancora registrare. So che mi ritroverò in questa folle e stressante avventura di inseguire questo mostro marino fino a che non mi trascinerà nel profondo.

Quindi quello che funziona per me è registrare in batch una serie di episodi e farli montare preferibilmente un mese prima della messa in onda. Non è sempre possibile, ma quando sono un mese prima della mia data di trasmissione, mi trovo in un mare ancora tranquillo e senza krakens in vista (a meno che non sia sotto forma di rum scuro e in un bicchiere pieno di ghiaccio e coca cola).

Dopo tre stagioni di registrazione di **The Insomnia Project** (*Il Progetto Insonnia*), solo ora sono riuscito a registrare l'intera stagione prima di lanciare il mio primo episodio di quella stagione. Questo mi permette di programmare meglio i miei social media per ogni episodio, quindi sto alimentando quel social media kraken. Mi permette di dare ai miei ospiti un po' di tregua quando il loro episodio andrà in onda. Mi dà anche il tempo di concentrarmi su tutte queste aree del podcast che non sono legate alla registrazione, al montaggio e alla programmazione perché sono già completate per la stagione.

Sono consapevole che ci sono una tonnellata di podcast che devono essere registrati la stessa settimana, o anche lo stesso giorno, della data di trasmissione. Quindi, possono essere sempre a caccia di quel kraken, o forse non è un problema per loro. Forse il vostro kraken di recupero non è quello di cui sopra, ma piuttosto programmate tweet e insta-post e mettete insieme un modello di email da inviare ai vostri ospiti con largo anticipo.

Qualunque lavoro tu possa fare prima della data di trasmissione della tua puntata per renderti la vita più facile, fallo! I Il punto è questo: tenete i vostri krakens che nuotano in acqua lontano da voi ogni volta che potete.

24

Sindrome dell'impostore

La sindrome dell'impostore è quella sensazione che si prova quando si dubita delle proprie capacità o della propria credibilità per un determinato risultato: quella sensazione incrollabile e fastidiosa di essere un truffatore. È una sensazione che ho provato e ho parlato con altri podcaster che l'hanno sperimentata. Quando ho scoperto che loro provavano la stessa cosa, mi sono liberato di questo kraken malaticcio che mi si è seduto sulla schiena e mi ha coperto gli occhi con i suoi viscidi tentacoli, dicendomi che ero un impostore di podcast.

Se ti preoccupa il fatto di non avere la credibilità per fare un podcast su un certo argomento, lasciami dissipare subito questa paura. Nessuno si aspetta che tu sia un esperto su un argomento, a meno che tu non sia, di fatto, un esperto. Se parli di piante e ami le piante, ma non sei il miglior giardiniere del mondo, va bene. La vostra passione o la vostra vista potrebbero essere tutto ciò di cui l'ascoltatore ha bisogno. Se volessero il consiglio di un esperto sulle piante, potrebbero cercare un podcast chiamato ***The Green-Thumbed Plant Expert podcast con il Dr. Horticulture*** (*Il Podcast del pollice verde Dott. Orticoltura esperto/a di piante*). Se sono alla ricerca di un appassionato di piante, allora il vostro podcast è proprio quello di cui hanno bisogno.

Ho lavorato nei ristoranti e nei bar per molti anni. Nel mio podcast **Eat & Drink** (*Mangiare e Bere*), sono presentato come "il mixologo". Nei primi quindici minuti preparo un cocktail e racconto agli ascoltatori della bevanda. E, insieme al pubblico, io e Ali ci divertiamo un po' a parlare del cocktail.

Sono un barista esperto? No.

Ho preparato tutti i cocktail prima di crearli nel nostro show? No.

In realtà, cerco i cocktail che non ho mai preparato prima. Parlo di quanto sia facile o difficile farli. Parlo di quale alcol penso si possa sostituire con un altro. Faccio orribili errori di cocktail, e ne ridiamo e ne parliamo. Devo correggere le cose nell'episodio del podcast della settimana successiva perché ho detto o fatto qualcosa di sbagliato mentre preparavo un cocktail. Questo podcast non è per gli esperti di cocktail o i baristi che hanno lavorato nei bar più eleganti di New York. È per la persona che non sa da dove cominciare. Sono un appassionato di cocktail con alcuni anni di esperienza nel settore dei servizi. Ho lavorato con baristi che sono fantastici, e so di non essere bravo come loro. Ma sono abbastanza bravo a parlare di cocktail e cibo nel nostro podcast, e questo è abbastanza buono. In realtà, è abbastanza buono, perché è quello che ci hanno detto i miei ascoltatori.

Sei credibile e lo sarai anche tu se farai il podcast che tu stesso vorrai ascoltare. Lasciate che il vostro entusiasmo sia la vostra guida. L'unico impostore è il triste e malaticcio kraken che ti dice queste bugie.

25
Non temere il microfono

Ho organizzato una tavola rotonda con i miei podcaster preferiti a una convention di podcasting a Toronto, e questo è stato il titolo della discussione. È stato un aspetto del podcasting che mi è venuto naturale. Come attore e come persona che ha studiato giornalismo, stare davanti a un microfono è per me una seconda natura. Come ho detto, la tecnologia non mi viene facile o naturale, e non mi sentivo a mio agio dietro a quell'attrezzatura, ma ho imparato a sentirmi a mio agio; ogni giorno diventa più facile. Così, con questo, ho pensato, "e se facessimo una tavola rotonda a questa convention di podcast, dove tutti noi trasmettiamo i nostri punti di forza dietro il microfono". Ho chiesto a Bil Antoniou, Ali Hassan e Daniela Vlaskalic di unirsi a me nel panel, e loro hanno gentilmente prestato la loro voce al pubblico che ha partecipato al nostro gremito panel. Ecco un'istantanea di quella tavola rotonda:

1. **Si può sempre modificare ciò che si dice quando si edita**. Se c'è qualcosa che vorreste non dire, modificatelo. Lo faccio con tutti i miei podcast. Modifico un sacco di cose, compresi i momenti in cui penso di aver detto qualcosa di stupido o sbagliato. Oppure quando beviamo e mastichiamo rumori che sgranocchiano e masticano i suoni quando beviamo e poi

mangiamo su **Eat and Drink** (*Mangiare e Bere*); quei suoni disgustosi vengono per lo più editati.

2. **Fallite comodamente, finché non vi sentite a vostro agio**. Registrate un gruppo di tester e sentitevi liberi di non censurarvi. Provate voci divertenti, fate cose strane e poi riascoltate. Alcune di queste cose saranno dei fallimenti, e lo saprete subito. Ci saranno cose che potrebbero sorprendervi e che funzioneranno davvero. Quando vi sentirete a vostro agio con il materiale, ci sono buone probabilità che avrete meno paura del microfono.

3. **Odiamo tutti il suono della nostra voce**. Ho conosciuto così tanti artisti che registrano audiolibri, spot pubblicitari e annunci di servizio pubblico. Sapete quando chiamate quelle aziende con messaggi che vi indirizzano alla casella vocale di Bruce Steel maker? Sì, ci sono un sacco di persone che lo fanno. Sono tutti d'accordo sul fatto che imparare ad essere oggettivi sul suono della propria voce è stato un viaggio. Alcuni dei miei amici non amano ancora il suono della loro voce, anche se questo è il loro pane quotidiano. Io amo il suono delle voci dei miei co-conduttori. Penso che abbiano un suono ricco e brillante e strutturato e ricco di sfumature e superbo. E rabbrividisco quando devo modificare la mia. Nella mia testa ho una ricca voce baritonale con un timbro profondo simile a quello di Sam Elliot. Poi la sento e sembra più il suono di un giocattolo squittio di un cane. La verità è che probabilmente è da qualche parte in mezzo a questi due suoni. Quindi mi limito a mettere da parte quel kraken critico a voce stridula che squittisce, "la tua voce non è abbastanza

buona". Edito come se non sentissi nemmeno la mia voce, ma piuttosto Marco "il podcaster", la cui voce è qualcun altro nella mia testa. Trovo che questa separazione mi mantenga obiettiva. Troppo fuori per te? Credimi, ognuno di noi suona bene a modo suo. Quindi smettila di lasciare che questo ti intralci.

4.   **Fai pratica con un amico.** Se la tua paura deriva da un colloquio con gli ospiti, allora fai pratica con quella paura. Chiedi a un amico di essere ospite e esercitatevi a intervistare gli ospiti. Chiedi di rispondere alle domande in modi diversi. In un'occasione fate in modo che siano duri con voi. La volta successiva prova a fare loro domande di conversazione; un'altra ancora, chiedi loro di continuare e di esercitarsi a tagliarli fuori. La pratica vi farà sentire a vostro agio davanti al microfono. L'ho fatto in episodi di prova. Durante la registrazione degli episodi di tester per *Every Place is the Same* (*Ogni Luogo è Lo Stesso*), Daniela ha fatto questo conteggio meno volte fino a quando non ha trovato la voce del podcast che funzionava.

5.   **Inquadra chi sei nel tuo podcast.** Forse stai cercando un modo drammatico per ospitare il tuo podcast. Daniela Vlaskalic lo fa su *Every Place is the Same* (*Ogni Luogo è Lo Stesso*). Ha un tono specifico, un modo speciale di fare l'ospite. A volte, è aggressivo, acuto, accondiscendente, reale, forte e curioso. Abbiamo inquadrato quel tono all'inizio dello spettacolo, così tutti gli ascoltatori sono ora consapevoli di ciò che lei sta cercando di fare in questo podcast. Anche lei si diverte un sacco a farlo, e si può davvero provare il senso di gioia che porta a questo podcast

attraverso questo personaggio. Quando ospito **The Insomnia Project** (*Il Progetto Insonnia*), sentirete la versione calma, fredda e relazionabile di me stesso, che è in sintonia con la versione di me che sentirete su **Eat & Drink** (*Mangiare e Bere*), l'opinionista Marco.

6. **Avere una liberatoria, se si ritiene che sia giustificata.** Se siete preoccupati che qualcosa detto nel vostro show da voi o da un ospite possa essere preso nel modo sbagliato, allora iniziate il vostro show con quella frase familiare, "le seguenti opinioni sono quelle dei partecipanti e non riflettono..." - o la vostra versione di quella frase familiare. Abbiamo un disclaimer su **Eat & Drink** (*Mangiare e Bere*), perché usiamo un linguaggio grossolano. Dato che il nostro show riguarda il cibo e le bevande, alcune persone danno per scontato che si tratti di un podcast che vorrebbero ascoltare in macchina con i loro figli sul sedile posteriore. Volevamo fargli sapere in anticipo che ci potrebbe essere una bomba F o tre nel podcast. Così facendo, eliminiamo la paura o l'auto-editing quando siamo al microfono, perché abbiamo coperto le nostre basi con un disclaimer.

7. **Cancelliamo il cross-talk.** Se avete un ospite nel vostro show e vi trovate in un acceso dibattito, a volte potreste parlare entrambi allo stesso tempo: questo si chiama cross-talk. Non fa bene a nessuno, perché il pubblico non può sentire i punti che vengono espressi da entrambe le parti. Quindi, se vi accorgete che vi state mettendo in questa situazione di cross-talk, potete preparare alcuni spunti con il vostro ospite o con il vostro co-conduttore in anticipo. Per esempio, se alzo il dito, significa che devo

fare un punto sull'ultima cosa che hai detto, quindi fammi parlare non appena hai finito. Potete anche annotare su un pezzo di carta una parola o due per farvi ricordare il vostro pensiero. Puoi dire al tuo ospite/co-conduttore: "Tornando a XY e Z, voglio sottolineare che...". Potete sempre tornare al vostro punto, ma parlare l'uno sopra l'altro è fastidioso e, se lo fate spesso, potreste perdere gli ascoltatori.

8. **Siete già a questo punto**. Non c'è bisogno di dire "Torno subito" o "Torniamo subito", perché, anche se dovete usare la stanza del piccolo Podcaster e tornare qualche minuto dopo e continuare a registrare, non significa che quando andrà in onda il vostro pubblico saprà che c'è stato un salto nel tempo. Ci sono tonnellate di podcaster che dicono "torniamo subito" e poi tornano in un nanosecondo. Ora forse avete un segmento, un pungiglione musicale o una canzone che separa quel segmento del vostro show. È fantastico! Abbiamo un'introduzione musicale al segmento "What's in Marco's Mouth" su *Eat & Drink* (*Mangiare e Bere*), e non diciamo mai che torneremo subito, anche se saremo dopo la canzone. Invece, diciamo solo qualcosa del tipo: "Beh, è il momento della prossima puntata". Suoniamo la musica e poi continuiamo da dove abbiamo lasciato. Di solito, questo comporta il mio lamentarmi di come questo segmento mi fa impazzire e Ali mi prende in giro. Lo facciamo perché i nostri ascoltatori sanno che se non torniamo indietro lo spettacolo è finito! A meno che il tuo podcast non si chiami "Torno subito", probabilmente non avrai mai bisogno di dirlo, perché non sei un giornalista televisivo, almeno non quando fai

podcasting.

9. **Scrivi la tua introduzione**. Chiaramente, non tutti i podcast possono farlo, perché alcuni avranno registrato e prodotto un'intro con canzoni e suoni e campane, e forse anche un fischio per le scoregge. Ma per *The Insomnia Project* (*Il Progetto Insonnia*), inizio ogni episodio con la mia intro, e la leggo su un giornale. Ogni. Singolo. Il tempo. Ho registrato più di duecento episodi, quindi si potrebbe pensare che a questo punto l'avrei memorizzato a memoria. Ho scelto di non farlo, perché mi fa sentire a mio agio, che è quello che voglio per il tono del podcast. Non voglio per- ottenere qualcosa di importante, perché è tutto prestampato. Non devo pensare a niente, e posso stare tranquillo e calmo, perché mi basta leggerlo da una pagina all'altra. Se questo ti aiuta ad uscire dalla tua testa o ti aiuta a non temere il microfono, allora scrivi la prima cosa che stai per dire su un gobbo e leggi direttamente fuori dalla pagina. Lasciate che la prossima cosa sia fuori dalla pagina e potreste trovare un modo perfetto per domare la vostra paura di quel microfono amichevole.

10. **Lascia trasparire la tua personalità**. Un podcast è un ottimo veicolo per far risplendere la vostra personalità. La mia personalità cambia a seconda del podcast che ospito. Sono sempre io che mi diverto, mi diverto, mi diverto, mi diverto, mi blocco e mi metto e mi tolgo dai guai. Al tuo pubblico piacerà ascoltare la tua personalità tanto quanto gli piace sentire la tua voce familiare parlare del tuo argomento, e questo lo terrà impegnato. La vostra personalità sarà la ragione per cui vi amano ancora,

anche se potreste condividere opinioni opposte su argomenti difficili; li farà sentire come se foste loro amici e vorranno sintonizzarsi con voi. Non posso ascoltare i podcast che mancano di personalità. Ci sono alcuni podcast che sono come i computer che leggono gli script; sono completamente privi di personalità e non funzionano per me. Non fare il robot senza emozioni, usa la tua personalità. Lascia che risplenda. Sarà brillante, e ti procurerà un pubblico.

In qualsiasi modo arrivi al microfono, qualsiasi cosa tu faccia per arrivare, e qualsiasi cosa sia necessaria per far sì che ciò accada, vai là fuori e fallo e basta. Fate il podcast che volete ascoltare. Sii il podcaster che vuoi ascoltare. Goditi l'avventura e divertiti. Vi auguro molti anni e molte orecchie sul vostro podcast.

LE MIE REGISTRAZIONI

So che ci saranno lettori che, dopo averlo letto più volte, vorranno consigli diretti su ciò di cui avranno bisogno per trovare ciò che funziona meglio per loro, cosa c'è nel loro budget e cosa si adatta al loro spazio. Questi lettori penseranno: "perché non mi dice cosa prendere per il mio arsenale di podcasting?

Ecco i miei consigli per quei lettori che sono seduti lì a pensare: "Voglio solo un libro che mi dica cosa prendere per poter iniziare". La mia prima raccomandazione è quella di cercare ciò che si adatta alle vostre esigenze. Ricordate che ce n'è un sacco là fuori. In nessun modo sto dicendo che quello che segue è ciò di cui avete bisogno per creare un podcast di successo. Detto questo, ecco le mie raccomandazioni basate sulle apparecchiature che ho utilizzato e che sono disponibili al momento di questa pubblicazione:

· **Microfono**:

Mi piace un microfono USB Yeti Blue. Lo trovo versatile, di buona qualità, facile da usare e piuttosto elegante. Dirò che è pesante. Ho viaggiato con esso, ed è ingombrante, e la sicurezza di solito vuole che lo tolga dalla mia valigetta.

· **Software di editing**:

Mi piace Audacity. È gratuito e abbastanza facile da usare. Ricordati solo di salvare il tuo lavoro frequentemente, perché può andare in crash senza rima o ragione, anche se non ho avuto questo problema con l'ultima versione.

· **Piattaforme di hosting**:

Sono certo che quando avrete questo libro tra le mani, ci

saranno delle piattaforme che mi piaceranno sempre di più e che, al tempo di questa pubblicazione, non esistevano. Detto questo, attualmente uso Anchor per un podcast, e mi piace che sia gratuito e facile da usare.

Ho anche diversi podcast su Acast. Si tratta di una piattaforma a pagamento, ma penso che le loro analisi siano di alto livello e facili da usare. Apprezzo anche la loro capacità di rispondere alle domande che potrei fare via e-mail o via chat.

Opzione di insonorizzazione:

• Se avete un armadio vuoto che potete mettere del materiale fonoassorbente, è la cosa migliore. Mi piace il pannello fonoassorbente da 12" x 12" insonorizzante per pareti insonorizzate. Uso la schiuma spessa un pollice perché il mio spazio è piccolo e, se dovessi usare la schiuma spessa due pollici, mi succhierei continuamente l'intestino per entrare e uscire dal mio studio. Ma più spessa è la schiuma, più il suono sarà assorbente. Il metodo che uso comporta l'adesione della schiuma alla parete - cioè, se è a secco - e si ha il permesso di fare dei buchi. Ho usato i perni a T e funzionano meglio.

• Se si sta prendendo il percorso della coperta, allora vi consiglio la coperta mobile trapuntata. Che cosa sono le coperte trapuntate mobili, vi starete chiedendo. Sono le coperte che i traslocatori usano spesso per proteggere i vostri mobili da urti e graffi durante un trasloco. Le potete acquistare online, insieme alla schiuma, praticamente ovunque.

• Se state cercando uno spazio tranquillo in casa, e state usando un microfono USB, vi consiglio di mettere una tovaglia da tavolo tra la base del microfono e il tavolo per assorbire qualsiasi urto dalle vostre mani, o bere qualcosa da mettere giù, o qualsiasi altra cosa che potrebbe toccare la superficie del tavolo.

Sull'Autore

Marco Timpano è un attore, produttore e scrittore pluripremiato, nonché un affermato podcaster. Ha una laurea in giornalismo e un Bachelor of Arts in Linguistica della York University, ed è stato premiato con una borsa di studio per studiare all'Università per Stranieri di Perugia. Attualmente ha tre podcast di successo, tutti citati in questo libro, e continua a svilupparne altri. È stato relatore principale sull'alfabetizzazione digitale e sul podcasting in diverse sedi. È disponibile per la consultazione e per interventi in pubblico in questo campo.

Attualmente vive a Toronto e ama trascorrere del tempo con sua moglie Amanda Barker nella loro casa lontano da casa sulla Georgian Bay.

Riconoscimenti

Ci sono così tante persone che mi hanno aiutato lungo il cammino nella mia avventura di podcasting e voglio inviare loro i miei più sinceri ringraziamenti. Spero di trasmettere questo tipo di aiuto ad altre persone che stanno salpando per le acque del podcasting. Se non trovate il vostro nome tra questi miei eroi, sappiate che si tratta di un errore involontario da parte mia, e avete davvero la mia gratitudine.

Amanda Barker è stata presente fin dal primo giorno, il suo costante sostegno e il suo amore mi hanno sempre sostenuto ogni volta che i tempi si fanno difficili. Il suo incoraggiamento e il suo sostegno sono incrollabili e la sua brillante idea di trasformare un vecchio vespaio in uno studio è stata una grande benedizione. Lei rende la mia vita migliore sotto ogni aspetto. Amanda è il mio uccisore di krakens.

Linda M. Morra la sua amicizia, il suo sostegno e le sue capacità di editing non conoscono limiti. Grazie amica.

Bil Antoniou per aver trovato il tempo di chiacchierare con me su come iniziare un podcast e per avermi messo a mio agio. Non c'è nessun altro podcaster e amico con cui preferirei sedermi a bere un caffè.

Nidhi Khanna, molte ore davanti al computer e molte ore a cercare di far addormentare la gente. Non potrei pensare a una persona più grande di te per iniziare un'avventura nel podcasting. Grazie per la vostra gentilezza, l'incoraggiamento e il sostegno. Significa il mondo.

Daniela Vlaskalic e Ali Hassan, le risate e la creatività che abbondano quando entro in uno studio di registrazione con voi due, è una grande gioia nella mia vita. Grazie per aver migliorato i nostri podcast condividendo il vostro talento con me e il nostro pubblico.

Howard Glassman e Fred Patterson vi ringraziano per essere sempre dalla mia parte. Siete dei podcaster generosi che presentano e mettono in evidenza altri podcaster nel vostro show, e la nostra industria è in debito con voi. Siete due ragazzi in piedi.

Daniel Shehori e Anne Couglan, entrambi fate accadere l'impossibile. Sono al- maniere in soggezione.

Matt Campagna, Melissa D'Agostino, Trevor Martin, Dale Boyer, Chris e Debbie Bond, il vostro talento e le vostre prospettive sono qualcosa che apprezzo e che sono grato di avere nella mia vita.

Ron Barry non esiste un agente migliore e un uomo più gentile che devo ancora incontrare.

Amo le biblioteche e ciò che forniscono al pubblico, ma ho un posto speciale nel mio cuore per la Waterloo Public Library e le due persone che mi hanno introdotto in questo posto incredibile, Donna-Marie Pye e Karen Coviello.

A tutti gli ospiti che sono apparsi sui miei podcast, i miei più sinceri ringraziamenti per aver prestato il vostro tempo e il vostro talento al mondo digitale, è davvero una cosa bellissima.

E a tutti i miei ascoltatori, voi siete la ragione per cui ho fatto il podcast e la ragione per cui questo libro esiste. Grazie e andiamo per i vecchi tempi, lasciate una grande recensione!